沧浪 著

成长的秘密

——青春期**男孩心理**知识手册

中国妇女出版社

图书在版编目(CIP)数据

成长的秘密．青春期男孩心理知识手册 / 沧浪著
．— 北京：中国妇女出版社，2015.10
ISBN 978-7-5127-1154-9

Ⅰ．①成… Ⅱ．①沧… Ⅲ．①男性－青春期－心理健康－健康教育 Ⅳ．①G479

中国版本图书馆CIP数据核字(2015)第196770号

成长的秘密——青春期男孩心理知识手册

作　　者：沧　浪　著
责任编辑：万立正
封面设计：韩庆熙
插画绘制：樊　帆
责任印刷：王卫东
出版发行：中国妇女出版社
地　　址：北京东城区史家胡同甲24号　　邮政编码：100010
电　　话：(010) 65133160 (发行部)　　65133161 (邮购)
网　　址：www.womenbooks.com.cn
经　　销：各地新华书店
印　　刷：小森印刷（北京）有限公司
开　　本：170×240　1/16
印　　张：14
字　　数：256千字
版　　次：2015年10月第1版
印　　次：2019年7月第5次
书　　号：ISBN 978-7-5127-1154-9
定　　价：42.00元

序言

FOREWORD

我是愤怒的小刺猬吗

沐浴着阳光，原来那些顽皮的小淘气突然如雨后春笋般地长大了，进入了青春期。

成长对每一个男孩来说都是那么神奇，那么不可思议，就像一只可爱的小刺猬慢慢长大，变得更加聪明、好动、有活力。在他越来越帅气的同时，却又像愤怒的小刺猬，一不小心就扎到了身边的人。在这一切变化的背后，藏着怎样的秘密，你并不知道。这些秘密，即使爸爸妈妈也不一定能完全告诉你。

青春期的男孩既张狂又敏感，既活泼又忧郁，内心深处既保留着童年的肆无忌惮，又开始觉醒着自我的克制与思考。在这个生命曲线的一大高峰期，我们会发生很大变化，生理方面，外表、内部器官日益成熟；心理方面，独立性和自我意识强烈。这些变化，既让我们感到欣喜，又有可能感到烦恼。这些欢喜、悲伤在我们成长的道路上，留下一串串属于青春的足迹。

青春期的少年对自己的容貌和衣着相当敏感，以至于过分挑剔。我们会对客观存在的某些“丑陋”，如体胖、肤黑、眼小等忧心忡忡、烦恼不已。

进入青春期后，随着性意识的发展，我们对异性的言行举止非常敏感。我们常会把异性对自己的好感当作对自己的“倾心”，把自己对异性的好感当作“爱情”，从而造成很多不好意思向人诉说的苦恼。

由于青春期的男孩情绪波动大，自我控制能力不强，因而当我们在学习、交友、生活等方面出现重大波折时，很容易在极度失望和沮丧的情况下，做出莽撞之事。我们可能对任何事物都缺乏兴趣，提不起精神，似乎生活中根本没有能引起我们兴趣的东西。

尽管青春期的男孩会遇到各种各样的烦恼，但成长是每个人的必经之路，那些歪歪斜斜的足迹会随风散去，留下的将是最美好的回忆。那么，面对青春期的困惑，我们应该怎样度过这一特殊时期呢?

很简单，这本书会解除你的困惑，帮你战胜内心的“小怪兽”，让你不再做那只扎人的“小刺猬”。

首先，要正确认识自己和接纳自己。给予自己一个客观的评价，不要妄自菲薄，也不要妄自尊大，乐观对待学习和生活。其次，要逐步提高抗挫折的能力。勇敢地去挑战一些事物，有目的地进行锻炼，从而增强应对各种挫折的能力。我们还要学习努力控制自己的消极情绪；有意识地扩大人际交往的范围；积极参加各种感兴趣的活动，如打球、下棋、游泳等。当然，还要注意休息。良好的睡眠才有饱满的精神状态，这是心理健康的基础，所以要养成早睡早起的好习惯……

做到这些，你就能拥有勇气、自信、坚强、快乐、豁达、宽容，成为一个健康、阳光、乐观、积极的男孩。那些对别人来说难以解决的生活难题，对你来说就会变得简单且容易克服，在这个过程中，你能体会到别人无法体会的快乐。别人比自己优秀，不是去忌妒，而是下定决心努力赶超对方；和朋友交往，不是斤斤计较，而是能够进行换位思考，包容并理解对方；自己吃了亏，不后悔，更不抱怨，而是不断总结经验，争取下次碰到类似情况时，取得新的突破……

美国著名教育家桃乐丝·诺帝在《你给孩子什么样的环境》中这样写道：

指责中长大的孩子，将来容易怨天尤人。

敌意中长大的孩子，将来容易好斗逞勇。

恐惧中长大的孩子，将来容易畏首畏尾。

怜悯中长大的孩子，将来容易自怨自艾。

嘲讽中长大的孩子，将来容易消极退缩。

嫉妒中长大的孩子，将来容易钩心斗角。

羞辱中长大的孩子，将来容易心怀内疚。

容忍中长大的孩子，将来必能极富耐性。

鼓励中长大的孩子，将来必能充满自信。

赞美中长大的孩子，将来必能心存感恩。

嘉许中长大的孩子，将来必能爱人爱己。

接纳中长大的孩子，将来必能心胸广大。

认同中长大的孩子，将来必能把握目标。

分享中长大的孩子，将来必能慷慨大方。

诚实公平中长大的孩子，将来必能维护正义真理。

安定中长大的孩子，将来必能信任自己、信任他人。

友善中长大的孩子，将来必能对世界多一份关怀。

祥和中长大的孩子，将来必能有平和的心境。

这是一本跟男孩内心世界紧密相连的书，它深入每一个男孩的内心深处，了解每一个男孩的疑惑；这是一本随时为男孩成长提供精神钙片的书，它能让每一个男孩都通过这样一种交流的方式来获得成长的体验，从而成长为一名男子汉。

想了解更多吗？赶快翻开书看一看吧。亲爱的男孩，你不是愤怒的小刺猬，你正走在成长的道路上，飞奔向前。

愿所有的男孩在青春最美好的时刻，留下最潇洒的身姿！

目录

CONTENTS

第一章 上学的那些事

对于每一个成长中的男孩而言，青春期总是伴随着学校的上课铃声开始，而上学也确实是一件了不起的大事，有新奇、有惊喜，也有担心、有害怕。在学校里，男孩将认识很多的新朋友，学到很多的新知识，当然也会遇到这样那样的困难和问题。面对困难和问题，我们不做退缩的懦夫，撑起我们的双手，一切都可以解决！

第二章 越长大越烦恼

“小小少年，很少烦恼，眼望四周阳光照……一年一年时间飞跑，小小少年在长高，随着年龄由小变大，他的烦恼增加了。”一首《小小少年》道尽无数男孩心声，为什么越长大越烦恼，怎样才能直面且消除烦恼，是每一个男孩都在思考的问题。

第三章 与朋友相处的那些事

还有什么东西能比一群有头脑、心地善良、正直的朋友更能丰富一个人的生命呢？作为一名男子汉，他将是一个真正重视自己朋友的人，他会心甘情愿地花费时间和精力去维护那珍贵的友谊，而一个真正珍视友谊的人，他也一定能够拥有更多忠诚的朋友——在他面临逆境时仍然全力支持他。

第四章 青春期的成长困惑

成长的过程原本就不是迅速而剧烈的，每个人都有不同的成长节拍，谁都不可能在一夜之间变得成熟。我们的身体有它自己的规律，它会按部就班地完成每一次的蜕变。给自己一点点生长的时间，不要一味地羡慕别人，只需要顺着自己生理成长的节奏发展就可以了。

第五章 男孩的心理修炼

作为一个渴望成功的男孩，一定要心怀勇气，不断进行自我的突破，并且在过程中保持信心，用乐观的心态、饱满的精神去拼搏，去迎接挑战。成功的男孩从来不会被艰难险阻所吓退，因为杀不死你的，都将使你更坚强。只有经历风雨，才能看到彩虹。

第一章 上学的那些事

对于每一个成长中的男孩而言，青春期总是伴随着学校的上课铃声开始，而上学也确实是一件了不起的大事，有新奇、有惊喜，也有担心、有害怕。在学校里，男孩将认识很多的新朋友，学到很多的新知识，当然也会遇到这样那样的困难和问题。面对困难和问题，我们不做退缩的懦夫，撑起我们的双手，一切都可以解决！

一位父亲写给世界的信

亲爱的世界：

我的儿子今天就要上学读书了。一时之间他会感觉新奇有趣，我但愿你能待他温柔些。

你瞧，到现在为止，他一直是家中的宠儿、后院的王者。我总是忙着为他治疗伤口，慰藉他的心情。

但是现在不同了。

今天早晨，他就要走下门前的楼梯，冲我挥挥手，开始他的伟大历程。其间或许有争斗、不幸或者伤害。在世界上度过他的日子，他需要信心、爱和勇气。

所以，世界，我希望你能时不时地牵起他的小手，教予他应知之事。教予他，尽可能温柔些。教予他知道，每有恶人之地，必有豪杰所在；每有权诈小人，必有献身义士；每见一敌人，必有一友在侧。教予他书中自有黄金屋。让他见空中的飞鸟、日光里的蜜蜂、青山上的簇簇繁花，给他时间静思其中亘古流传之奥秘。教予他，磊落的失败比欺骗的成功更荣耀；教予他，自有我信念，哪怕人人言错；教予他，可以最高价付出自己的精力和智慧，但绝不能出卖良心和灵魂；教予他，置群虻的喧嚣于不顾，在自觉正确时要挺身而战。请温柔地教予他，世界。但是不要娇纵他，因为只有烈火的考验才能锻炼出真钢。

此要求诚为冒昧，世界。但是请尽你所能。

你了解自己吗——男孩个人小档案

亲爱的男孩，你真的了解你自己吗？请认真填写下面的档案，说不定，你能够从中发现一个不一样的自己！

姓名：________________________________

小名：________________________________

出生日期、属相：________________________

出生地：______________________________

其他纪念日（比如起名日、周年纪念日、学步纪念日）：

____

爸爸妈妈的姓名：________________________

爷爷奶奶的姓名：________________________

外公外婆的姓名：________________________

血型：________________________________

特殊标志（你与众不同的特征）：

____

____

____

过敏反应（比如对海鲜过敏、对药物过敏）：________

身高/体重：

2000年：	2001年：	2002年：	2003年：
2004年：	2005年：	2006年：	2007年：
2008年：	2009年：	2010年：	2011年：
2012年：	2013年：	2014年：	2015年：

腰围/鞋子尺码：

2000年：	2001年：	2002年：	2003年：
2004年：	2005年：	2006年：	2007年：
2008年：	2009年：	2010年：	2011年：
2012年：	2013年：	2014年：	2015年：

电脑（型号）：________　　手机（型号）：________

电子邮箱：____________　　QQ：________________

特别喜欢的事情：

____

____

____

自己的座右铭：

____

____

短期目标 / 完成度：________________

中期目标 / 完成度：________________

长期目标 / 完成度：________________

幼儿园（名称）：________ 地址：________

老师姓名/手机号码：________________

小学（校名）：________________

班主任姓名 / 手机号码：________________

中学（校名）：________________

班主任姓名 / 手机号码：________________

特长班老师姓名 / 手机号码：________________

最好的朋友（名字）：______ 他/她的生日：______

手机号码：________ QQ/电子邮箱：______

家庭住址：________________

写下自己的优点

我们先来介绍一位大师。

这位大师集画家、寓言家、雕塑家、发明家、哲学家、音乐家、医学家、生物学家、地理学家、建筑工程师和军事工程师于一身。在他逝世之后的500年里，人类一直没有停止对他进行研究，很多国家设立了专门研究他的机构，他的祖国意大利更是把他作为文化的象征。在这个国家，无论是红酒、家具，还是餐厅、酒店、机场，到处都可以看到以他的名字命名的事物。意大利著名品牌“老人头”也是以他的自画像作为Logo的。

聪明的你，一定早就猜到了。没错，他就是达·芬奇。下面请你来看一封信，当然，这不是一封普通的求职信，而是一封由达·芬奇写给米兰大公——当时米兰的最高统治者鲁多维柯斯弗查的求职信。

尊敬的大公阁下：

来自佛罗伦萨的作战机械发明者达·芬奇，希望能够成为您的军事工程师，同时请求能拜见阁下，以便面陈机密。

一、我能建造坚固、轻便而且耐用的桥梁，它们可用来野外行军。这种桥梁的组装和拆卸很方便。同样地，我也能破坏敌军的桥梁。

二、我能制造出围攻城池的云梯和其他类似的器械。

三、我能制造一种易于搬运的大炮，可用来投射小石块，犹如下冰雹一般，可以给敌军造成重大损失和混乱。

四、我能制造出装有大炮的铁甲车，可用来冲破敌军密集的队伍，为您军队的进攻开辟道路。

五、我能设计出各种地道，无论是直的还是弯的，必要时我还可以找出在河流下面挖地道的各种方法。

六、倘若您要在海上作战，我能设计出多种适宜进攻的兵船，而且这些兵船的防护力很好，能够抵御敌军的炮火攻击。

此外，我还擅长建造其他民用设施，同时擅长绘画和雕塑。如果有人认为上述任何一项我办不到的话，我愿在您的花园，或您指定的其他任何地点进行试验。

向阁下问安！

达·芬奇

这封希望谋得一个军事工程师职位的求职信，就是著名的《致米兰大公书》。达·芬奇是个多才多艺的人，在绘画、歌唱、医学、哲学和其他领域都拥有卓越的才能，但在这封求职信中，他只详细描述了自己在军事工程方面的技能，这是为什么呢？

原来，米兰大公当时可以说是强敌环伺，一方面要应对意大利的敌对城邦，另一方面还要消除来自北欧的威胁。为了自保，米兰大公必须大力发展军事制造业，所以急需军事制造方面的人才。

在求职信中，达·芬奇一连使用了6个“我能”，一项一项，有条不紊地列举自己在军事工程方面的才能。通过信中那些细致的介绍，达·芬奇生动而含蓄地告诉米兰大公：“我清楚您的处境，我会帮助您打赢战争！”

怎么样？如果换成你，你能够一项一项地告诉别人自己的长处在哪里，自己的缺点又在哪里吗？

说起来容易，做起来可就难了。当你想用语言来描述对自己的看法时，很可能会有一种无从下手的感觉。是的，你也许对自己每一天的形象如何没有了解，但你肯定会对自己产生一个大概的看法，这个看法会影响你的日常生活方式。

自我形象影响着我们对他人所作所为的理解，在某些情况下它能够决定我们准备采取的行为。它持续地影响着我们对自己、对他人以及对生活的感知。

亲爱的小读者，请你花几分钟来想一下自己的自我形象，列出自己的优点或者积极的性格特点，同时列出自己的缺点或者消极的性格特点。

优点（或积极的性格特点）	缺点（或消极的性格特点）

你认为自己的优点和缺点哪一个更容易辨别？通常，大多数男孩都对自己的缺点而不是优点更加敏感。如果你也是这样，学习对自己的优点更有信心就非常重要，应该打破过多重视缺点的习惯。

你列出的优点和缺点是否一样多？虽然优点和缺点拥有同样多的空格，但你也许会认为某一栏比另一栏的内容多。如果你列出的消极因素比积极因素多，那么就开始多注意你的积极因素，多挖掘身上积极的性格特点。

我们来看一则故事：

青年时期的大仲马穷困潦倒，流浪到巴黎，期望父亲的朋友能帮自己找份谋生差事。父亲的朋友问他有何优点，大仲马只能摇头，似乎连丝毫的优点也找不出来。就在大仲马羞愧地写下自己的住址转身要走时，父亲的朋友一把拉住了他："你的字写得很漂亮嘛，这就是你的优点啊！"把字写好也是一个优点！从此，大仲马以这为起点，勤奋写作，一步一步走进了大作家行列。

想不到吧，放大一个小小的优点竟会产生如此的影响！我们总是给自己贴上消极否定的标签，不断地用苛刻的标准评判自己。那些在我们看来是错误的或者不受欢迎的特点，在别人看来也许正是我们最可贵的特点。台湾著名的节目主持人蔡康永，曾经说过这样一段话："别急着觉得自己失败，很可能，你只是还没找到你会成功的那块领土而已。古斯巴达社会，讨厌算术，认为学算术，就是想赚钱，很可耻。如果你很会算术，在那里一定觉得自己很失败。换成现在，算术好，绝对是优点。世界很大，成功的定义有很多种，在找到你的战场之前，别轻易说自己是失败者。"

亲爱的小读者，每个人的身上都有优点，只是一些人让自己的优点沉睡，从来不去唤醒它，在他们的眼里只有缺点，一个接一个的缺点让他们失去了前进的动力，同时也丧失了成功的可能。所以，千万不要让自己变成一个只有缺点却没有优点的人。事实上，每一个人都可以为自己列出一张优点单来！

如果你觉得很难描述自己的优点的话，你可以尝试采用这样一些描述方法：

懒惰=简单、放松、保存力量；

害羞=安静、谦虚、谨慎；

喧闹=热情、有活力、乐于发表意见；

肥胖=精力充沛、强壮；

……

现在，我们再来看一下你对于自己缺点的词汇，并用不那么严厉、更易于接受的词汇来描述这些特点。

当然，这个等式并不是让你学会自我欺骗，也许你需要改变一些行为，但一定不要对自己的性格特点太吹毛求疵。

让学习告别枯燥

真不喜欢英语，整天都要背、背、背，看到26个英文字母就头疼！最讨厌写作文，一写作文就烦，烦透了！学、学、学，一提起学习来就浑身没劲儿，怎么才能学好它们呢？

……

你是否也曾有过这些烦恼，烦恼那些让你头疼的作文和英语，那些让你痛恨的物理和数学……也许你会回答："我知道学习要用功，可我就是做不到，实在是太枯燥了！"是啊，踢球、看电视、打电话、玩游戏，哪一个不比单纯的学习有意思，不知不觉中，因为学习的枯燥我们开始变得懒散，变得马虎，变得不像自己了。谁不希望能够在学习上做得更好、让爸爸妈妈更满意、得到大人的夸奖呢？可枯燥就像紧紧缠绕在我们身上的藤蔓，让我们一点点地丧失了学习的动力。

在第二次世界大战的时候，一名最好的瑞士钟表匠被迫为纳粹制造一批高质量的钟表。尽管他费了相当大的力气，但做出来的钟表却始终达不到战争前的水平，就连他自己也不明白为什么自己做的钟表大不如前。后来，一位心理学家找出了答案：原来这位钟表匠是被迫制作钟表的，所以他始终处在一种强烈的心理压力下，这种压力会带来各种负面情绪，比如恐惧、烦躁、愤怒和抱怨等，正是因为这些负面情绪的力量，才让这位最好的瑞士钟表匠大失水准。

听过这样一个故事：

一个欧洲观光团来到非洲一个叫亚米亚尼的原始部落。部落里有位老者，身穿白袍盘着腿安静地坐在一棵大树下做草编。

草编非常精致，吸引了一位法国商人。他想："要是将这些草编运到法国，巴黎的妇女们戴着这种草编的小圆帽，挎着这种草编的花篮，将是多么时尚、多么风情啊！"

想到这里，商人激动地问："这些草编多少钱一件？""10比索。"老者微笑着回答道。天哪！这回我可发大财了，商人欣喜若狂。

"假如我买10万顶草帽和10万个草篮，那你打算每一件优惠多少钱？"

"那样的话，就得要20比索一件。"

"什么？"商人简直不敢相信自己的耳朵！他几乎大喊着问："为什么？"

"为什么？"老者也生气了，"做10万件一模一样的草编和草篮，它会让我枯燥死的！"

当你把工作当成一种乐趣时，生活就是一种享受；当你把工作当成一种义务时，生活就变成了一种折磨。没有快乐的工作是枯燥、乏味的，做这样的工作还有什么意义？在我们的日常生活中，也会出现这样的情况。拥有一份并不如意的工作，痛苦万分地挣得了薪水，又愁眉苦脸地花出去，这样痛苦的人生谁能受得了？幸好，我们可以选择自己的工作，换一份自己喜欢的、能够获得快乐的工作，重新开始。

对于学习来说，情况又不同了。工作可以换，学习却不可以。

从小学到高中，你必须面对各门功课，不管你喜欢或者不喜欢。套用一句在男孩中流行的话来说，“你没得选择！”到了每个学期的期末，不管你乐意不乐意，都必须交出一份答卷来。

聪明的男孩懂得接受那些不可改变的事，并且用一个乐观的心态来对待。既然无法改变，那就尝试去接受吧！

那么，该怎样去改变我们的心态，把枯燥变为乐趣呢？我曾经很羡慕那些站在领奖台上的冠军，他们在一瞬间里爆发出来的力量让我惊叹不已。长大以后，我依然固执地认为运动员的生活才是真正充满“色彩”的生活，他们的生活一定充满了惊喜和乐趣。直到有一天，我听了朋友的一番话后，才改变了这种看法。

这位曾经当过运动员的朋友告诉我，每一个站在领奖台上的运动员，都需要忍受常人无法忍受的痛苦。这种痛苦的名字，就是枯燥。

每一个简单的动作，运动员都必须做成千上万次。每一天都必须进行枯燥而单调的训练，日复一日，年复一年，就好比在沙漠上行走一样，有一种不论怎么走都走不到尽头的感觉。看过一个采访专题，当记者问“专业运动员与普通人的生活有什么不同”时，接受采访的冠军几乎是不约而同地从嘴里吐出了一个词：枯燥。

枯燥，是所有运动员每天都会遇到的大敌。没有战胜枯燥的毅力与本事，就无法走上万人瞩目的领奖台。著名的“飞人”刘翔，去掉了在赛场上的光辉，他的生活枯燥得只能靠师父孙海平讲笑话来舒缓自己紧张、烦闷的情绪。曾获雅典奥运会跳远冠军的俄罗斯选手列别杰娃，每次在赛场上出现，她的发型总让人感到“震撼”，时而是爆炸式的鸡冠头，时而是有非洲风韵的粗辫盘发。对列别杰娃来说，千篇一律的训练实在枯燥乏味，只有通过不断地变换发型，才能让她体会到一点创作的快乐。

当然，我们看不到运动员克服内心枯燥的过程，我们看到的只是他们奉献给我们的无比好看的精彩比赛，是他们成功之后的喜悦、失败之后的悲伤。

我的这位朋友并没能站在领奖台上，受不了枯燥和单调的他，最后选择了退出。“所以，我对所有能够坚持到底的运动员充满了由衷的敬意！”他郑重地加上了一句，这令我感慨万分：当运动员真的要比背课文枯燥多了！

是啊，世界上任何一件事情，具体到细节来说都是枯燥和单调的。因为枯燥原本就是事物发展过程的一部分，如果你不能接受枯燥，就没有办法完成任何事情。

我们都知道，居里夫妇发现了镭元素的存在，使全世界都开始关注放射性现象。可他们发现“镭”的过程同样漫长而枯燥。

1898年12月，居里夫妇根据实验事实宣布他们发现了放射性元素“镭”。可是，当时谁也不能确认他们的发现，因为按化学界的传统，一个科学家在宣布他发现新元素的时候，必须拿到实物，并精确地测定出它的原子量。

于是，居里夫妇决定拿出实物来证明。当时，藏有镭的沥青铀矿是一种很昂贵的矿物，人们从这种矿物中提取制造彩色玻璃用的铀盐。对于生活十分清贫的居里夫妇来说，哪有钱来支付这件工作所必需的费用呢？但他们认为，提出铀盐之后，矿物里所含的新放射性元素一定还存在，从提炼铀盐后的矿物残渣中一定能够找到镭。

经过无数的周折之后，居里夫妇终于开始了他们艰难的提取之路。实验室的条件极差，夏天像烤箱，冬天像冰柜。每一次，居里夫人都要把20多公斤的废矿渣放入冶炼锅熔化，并且一连几小时地用一根粗大的铁棍不停搅动沸腾的材料，这样艰苦的劳动仅仅能从中提取百万分之一的微量物质。

从1898年一直工作到1902年，在克服了人们难以想象的困难后，辛勤的努力终于得到了回报：经过几万次的提炼，处理了几十吨矿石残渣，居里夫妇终于得到0.1克的镭盐。

仅仅是发现镭这一种元素，就经历了那样漫长的等待，经历了那样多的坎坷——人类科学知识的积累是多么的不容易啊！我们手中薄薄的教科书里有多少这样的知识，每一个知识都是由前人通过反复研究总结出来的。和这些科学发现过程中的枯燥相比，我们实在是太幸运了！

我们常常会读到一些伟大的科学家和艺术家废寝忘食工作的故事，在我看来，他们之所以能够忘我地投入到那些看起来枯燥无比的工作和学习中，正是因为产生了兴趣。实际上，他们才不觉得枯燥呢，他们乐在其中，体会着常人无法体会的快乐。

举个例子说吧，一些男孩特别喜欢电脑游戏，在电脑面前，他们同样也可以做到不睡觉、不吃饭——道理其实很简单，当你付出了汗水和心思的时候，再枯燥和单调的事情你都可以做得“津津有味”。

英语、作文、数学……这些功课也是一样，如果你把它们当成自己最好的伙伴，当成自己藏在抽屉里的那些卡片一样来喜欢，它们一定也会还你一个笑脸。相反，你要是讨厌它，漫不经心地敷衍它，它也会毫不犹豫地侧过脸去，给你一个僵硬而冷漠的背影。

从现在开始，你可以尝试去发现学习中点点滴滴的乐趣，慢慢把它当成一件快乐的事情，这样你就可以摆脱枯燥，成为世界上最快乐的男孩！

让学习更有效率

世界上有一样东西，最长又最短，最快又最慢，最能分割又是最广大的，最不受重视又是最值得惋惜的。没有它，什么事情都做不成。它使一切渺小的东西消逝，使一切伟大的东西生命不绝。这个东西是什么？

在回答这个问题之前，我们先来看一则故事：

有一个叫作哈里的小男孩，他总是痛恨自己的时间过得太慢，于是他日夜祈祷，希望时间快一点过去。在他想来，时间最好一下跳过去，这样自己可能面对的所有困难，比如说考试什么的，就会一下子消失得无影无踪。

有一天，一位白胡子老人突然出现在他的面前。这位胡子长得可以绕自己脖子三圈的老爷爷拿出一卷布和一枚针，他告诉哈里："孩子，你渴望能够自己选择自己的时间，现在，我把属于你的时间交给你，你自己选择吧。"

时间布的样子跟哈里见过的白布没什么区别，只不过时间布每隔1米就标上了年龄，从1岁到2岁，再到10岁、20岁……一直到生命的终止。时间布的用法也简单，它只需要一枚针，把想省略的时间缝起来就可以了。只是，缝好的线永远不能再打开。

得到了时间布以后，哈里很兴奋。应该省略哪一天呢？想都不用想，当然是明天了，因为明天要考试。于是，哈里拿起了针，缝掉了明天。神奇的事情发生了，哈里发现自己站在了操场上，和同学们一起追逐一只足球。对啊，明天已经过去了，这是后天了，该死的考试已经和明天，啊不，应该是昨天一起缝进时间布里了。哈里得意万分，之后呢，应该把这一学期都缝上，好直接到暑假；应该把做功课的时间都缝上，好一直玩下去。一次，因为打碎了窗子

的玻璃，哈里的母亲责备了哈里。哦，当一个孩子可真不容易，算了，把童年、少年时代都缝起来，把那些讨厌的唠叨和无休无止的功课都缝起来，这样，他直接就成了一个青年。而且他穿着一身黑衣，哦，是的，他20岁了。在这一年里，家里发生了很大的变故，他的母亲去世了，只剩下孤零零的他。把孤独和贫穷都缝起来吧，把奋斗也缝起来吧，这样在几年后，他是一个成功的商人，金钱像流水一样向他涌来。可是这太慢了，哈里拿起针，他还在不停地缝下去，缝下去，他要钱，他要更多的钱……这样，时间布缝到了尽头，哈里发现自己成了一个老人，老得已经拿不动针了。

这一生就这样过去了吗？是的，已经说过了，时间布既然缝上了就不能再打开。

聪明的你一定早已经想出了答案，没错，这个东西就是时间。时间总是在不知不觉中流逝着。不管你是否愿意，它都会无声无息地从你身边流走。最长的是时间，因为它永远无穷无尽；最短的也是时间，因为它让很多人心中的计划都来不及实现。对于等待的人，时间最慢；对于享乐的人，时间最快。时间可以无穷无尽地扩展，也可以无限地分割。当时谁都不重视，过后谁都会惋惜。没有时间，什么事情都做不成。时间可以将一切不值得后世纪念的人和事从人们的心中抹去，也能让所有不平凡的人和事永垂青史。

时间不够用了，对于大多数男孩来说是件特别头疼的事情。如果能够给时间的河流加上一道闸门，大喝一声让时间停下，那该多好啊！在我看来，在学校里学习和我们工作时候的情景差不多，只不过是把工作的内容换成了课本和作业。每天清晨，在开始自己的工作之前，我都会想一想，今天我要做些什么，我可能会遇到的问

题，然后计划和安排好每一件事情。这算是一个小诀窍，能够让自己迅速进入状态。当然，想要合理安排学习时间，你还需要知道下面这些内容：

◎不管是在学校还是在家里，都要仔细整理你的学习用品，在每一门课的笔记上做好标记，并且按照分类整理好。每周清理一下自己的学习用品，把那些没有用的东西都清除掉，确保随时能够找到自己需要的东西。井然有序，将为你带来效率和时间。

◎当你开始做事情的时候，尝试将所有的注意力都集中到这件事情上面，这样可以最大限度地提高单位时间里的效率。可别小看了这种态度，假如你在日常生活中拿出考试时那种全神贯注的劲头，就有可能把自己的时间由一个小时变成两个小时甚至更多。

◎准备一个记事本，每天早上到教室后，在它上面列出自己必须完成的事情，每完成一件，就从记事本上划掉一件。不要把时间花在那些微不足道的小事上，要让它花得有价值。

◎为自己制订一份小小的时间计划表。首先，给自己要做的事情留出特定的时间，如每天晚上7点到8点为做家庭作业的专用时间。然后，标明一天的时间支配和收获，如完成家庭作业的时间、复习时间以及课外活动时间等，提前完成了一项，就在提前的时间前打个“+”号，如果超出了预期的时间，就在超出的时间前打个“—”号，这能让你对自己一天的时间了如指掌。

◎学会利用空闲的时间，见缝插针地安排自己的学习。比如上学路上、等车的时候、饭前饭后等，如果利用这些点滴时间，记住一两个单词，背诵一小段诗歌，日积月累也挺可观的。课间休息和午睡不是空闲时间，相反，你应该抓紧在课间休息和午睡的时候放松自己，这对恢复你的精力很有帮助。

◎要学会掌控自己的时间。学会从时间计划表上找到自己使用时间的不足之处，放弃那些吞噬掉自己大量时间却又没有意义的事情，适当地调整自己的时间，明确地告诉自己什么该做，什么不该做，并请爸爸妈妈来监督自己。另外，学习不应该占据你所有的时间，你得给自己的休息、业余爱好和娱乐留出一些时间来。

试着按照上面几条内容去做，尽力让自己变成一名效率专家吧！

老师并没有针对你

对每一个男孩来说，老师永远都是最值得我们尊重和感恩的人。因为他们，你可以像海绵一样，吸收大量新鲜、令人兴奋的信息。在与老师相处的日子里，许多事都会给你留下深刻的印象。这些事虽是极平凡的，但有时甚至会影响我们的一生。要知道，老师教给你们的不仅仅是文化知识，还有许多做人的道理。

从某种意义上来说，老师是你的领路人。他们把知识无私地、毫无保留地教给学生，如果他们希望得到什么回报的话，就是希望看到学生成熟、成才，在知识的山峰上越攀越高。学生要尊敬老师，见到老师礼貌地打声招呼。上课认真听讲，不破坏纪律，把老师留的作业保质保量地完成。有些同学作业写得马虎、潦草，单是让老师辨认字迹都要费很多工夫，给老师增添了很多额外的工作量。经常这样，老师怎么会高兴，怎么会喜欢你呢？尊敬老师，尊重老师的劳动，是师生和谐相处的基本前提。

大多数男孩对与老师相处的情况很敏感，如果关系处得不太愉快，他们就不会学得那么好，也不喜欢上课。的确，与老师无法融洽相处的话，自然不会让自己在课堂上的时间变得愉快。

那么，“融洽相处”的含义是什么呢？“融洽相处”就意味着你和老师之间，共同拥有一种交流的方式，这种方式对你们两人都奏效，并且你们两人都能从这种关系中获得各自所需的东西。

老师希望与你相处融洽，并且喜欢看你学习。老师和学生有时会有个性冲突，但这在任何两个人之间都可能发生。如果你向老师示意你希望改善关系，老师或许会尽一切可能实现你的愿望。

即使你并不是特别喜欢某个老师，你也能成功地与之相处。换句话说，学生的本分有很多，但如果你尽到了作为学生应尽的基本责任，老师自然没有理由指责你。

下面是一些相关的责任，也许对你会有所帮助：

◎为上课准备好合适的笔、书，还有完成的作业；

◎当老师讲课的时候，要注意听老师讲的内容；

◎无论是课堂作业、家庭作业，还是测验都要尽自己所能。

大多数男孩都会有这样的体会：与哪个老师关系比较融洽，喜欢上哪门课，哪门成绩就好；与哪个老师关系不和谐，哪门成绩就会受影响。学生大部分时间都在学校里，就免不了和老师相处，对男孩来说，该怎样与老师相处呢？

当我还是一名调皮的男生时，我曾经有过“那个老师并不怎么样”“他的水平太低了”之类的观点，等我长大以后才知道这种看法和想法是多么天真。就像作弊者从来都认为老师不会发现自己一样，其实，只要往讲台上一站，谁在下面干什么一目了然。老师从年龄、学问、阅历上看，肯定是高于学生的。所以，要向老师虚心求教，勤学好问不仅直接使学习受益，还会增多、加深与老师的交流，无形中就缩短了与老师的距离。每个老师都喜欢肯动脑筋的学生，常向老师请教学习上的问题会加深师生彼此的了解和感情。

一些老师对学生产生了深刻影响，学生对他们永生难忘。

1880年，海伦·凯勒出生于美国的一个小镇，她从小聪明过人，然而不幸的是，当她1岁多的时候，一场疾病夺去了她的视、听、说的全部能力，无情的现实把这个小女孩投进了黑暗与寂静、混沌与无知的世界之中。小海伦7岁时，父母为她请来了一位名叫安妮·莎莉文的启蒙教师，这位教师使海伦的一生发生了极大的转变。

一天，老师把海伦带到水房，用水管中清凉的水滴在她的一只手上，同时在另一只手上拼写“water”（水）这个单词，这使海伦认识到宇宙事物都各有名称。老师把海伦带到郊外，见什么东西就摸什么，然后就在她手上拼与之对应的词，小海伦很快就记住了。海伦要学会说话，盲聋哑学校校长富勒小姐亲自教她，富勒小姐发音时，要海伦把手放在她的脸上，来感觉舌头和嘴的牵动情况，然后模仿着发音，慢慢地，海伦开始用嘴说话了。经过艰苦的训练，海伦以超人的毅力开始学习英、德、法、拉丁、希腊文，并掌握了这些文字。

后来，海伦克服了难以想象的困难，以优异成绩考入美国第一学府——哈佛大学。21岁时，海伦写了一本自传体的书——《我生活的故事》，轰动了美国文坛。在此后的60年中，她一共撰写了14部著作，成为举世闻名的作家。

当然，人无完人，老师不是完美的，如果他某些观点不正确，或误解了某个同学，甚至有的老师“架子”比较大，或是太严厉，这都是可能的。发现老师的不足要持理解态度，向老师提意见语气要委婉，时机要适当。如果老师冤枉了你，能当面和老师起冲突吗？不能，否则不但无助于问题的解决，还会恶化师生的关系。暂且忍一忍，等大家都心平气和再说。不管怎么说，老师是长者，学生应该把他们置于长者的位置，照顾老师的自尊心和面子。

有的男孩明知自己错了，受到批评，即使心里服气，嘴上也死不认错，与老师的关系搞得很僵。有的人则相反，受过老师一次批评心里就特别怕那个老师，认为他对自己有成见。这都是没必要的。错了就是错了，主动向老师承认，改正就是好学生。老师不会因为谁有一次没有完成作业，谁有一次违反了纪律就认为他是坏学生，对他有成见。要相信老师是会全面、客观地评价学生的。

如果问题看上去真的难以解决，那么我建议：

将你的不满或委屈告诉一位你信任的成年人，比如家长或亲友。这样一方面可以缓解自己的压力，使心情得到一定的舒解，另一方面请他们出面就你的问题与老师沟通交谈，彻底解决问题；最好的办法是你能单独与老师面对面沟通。可以等到自己情绪平稳后，心平气和地讲出事情的原委，以及你的想法和感受，找出你与老师之间有哪些误会，相互倾听，达到相互谅解的目标。当你学会这样解决问题时，可以肯定，你在成长的道路上向前迈了一大步。

读者来信

讨厌老师怎么办

问

作者叔叔：

您好，我是一名小学三年级的学生，我很马虎，做作业经常算错题，又有赖床的毛病，偶尔会迟到，因此老师经常在班上批评我。爸爸妈妈说老师这是在帮我矫正坏习惯，是为我好，可是我仍然很讨厌她，怎么办？

小米

答

小米：

你好，就如同你爸爸妈妈所说的，老师确实是为了你好，她批评你，是希望你改掉坏毛病，变成一个成绩优异不迟到不粗心的好孩子。当然，被老师批评，肯定会有抵触情绪，会讨厌老师，但只要你一直相信老师是为你好，过段时间你的这种抵触情绪就会消失的。要学会理解老师，毕竟老师就是扮演一个“白脸”的角色呀。

答

为了帮助你快速清除负面情绪，我给你看一段有意思的东西哟，这是科幻小说里对老师的描述，虽然很玄奇，但道出了老师的本质。内容如下：我们人类的所有记忆都是后天取得的。每个人的身体里都有一种很薄的器官，这种器官在这个行星以氧氮为主的大气中振动时可产生声波，同时把要传输的信息调制到声波之中，接收方也用一种薄膜器官从声波中接收信息。这种信息传输方式的速率为每秒1～10比特。

是的，我们人类就是这样一种没有记忆遗传，相互间用声波进行信息交流，并且是以令人难以置信的每秒1～10比特的速率进行交流的物种。

在我们人类之间，有一种个体，有一定数量，分布于这个种群的各个角落，这类个体充当两代生命体之间知识传递的媒介。这种个体将完成每代之间积累和传递知识的任务，而这一切都是文明进化所必需的。

尽情享受朗读的快乐

人们常用“琅琅读书声”来形容校园，每天的晨读，每日的课堂，都离不开朗读。但是，很多男孩并不懂得享受朗读的快乐，他们把朗读理解为一种工具，只把它当作一种阅读方式。习惯了和大家一起朗读的他们，一旦需要站起来自己朗读的时候，就会特别的紧张和不安。

小军是个身材高大的男孩，刚上初中的他，特别不喜欢每周一次的课文朗读。每一次老师在讲台前点名朗读的时候，都会让他产生一种莫名其妙的紧张感。他会心惊胆战地低下头，躲开老师的目光。只有当老师点到其他同学的时候，他才会放松下来。小军的声音并不难听，相反，从小就爱阅读的他对字里行间所潜藏着的情感了若指掌，他可以毫不犹豫地指出哪些地方表达的情感应该快乐，哪些地方应该伤心。可是一到自己朗读的时候，他就像换成了另外一个人，变得唯唯诺诺、结结巴巴起来。有一次，小军被老师当众叫起来朗读，这可把他给吓坏了，他支吾了半天也没能说出一句完整的话来。这种窘迫不安的感觉让他觉得很没有面子，男子汉怎么能被朗读这点小事给打倒呢？

你是否也有因为当众朗读而窘迫不安的经历呢？好吧，让我来介绍几种方法，也许可以给你带来一些帮助。

呼吸对于朗读来说十分重要。有人认为呼吸能够使人变得放松和自信，有意识的呼吸是通往平静和力量的途径。呼吸是生命之源，每一位演讲家都是调控自己呼吸频率的大师。对于朗读者来说，呼吸能够让你把握自己的节奏，时刻调整控制自己的状态。

在你朗读之前，一定要保证自己情绪自然和冷静。让自己停顿一下，慢慢进行一次深呼吸，然后放松自己，把注意力集中在朗读材料上。焦虑或紧张只会影响你的声音。如果说眼睛是心灵的窗户，那么你的声音——语调、语速、力度、音量——就是你情绪和态度的外在表现。你肯定希望通过充满精神和自信力量的朗读，使听众感受你阅读的主题，而不希望他们被你无端的紧张或不安搞得很困惑。

你必须了解并练习你的阅读内容。虽然不是每次都要这样做，但你最好能提前了解朗读材料并练习大声朗读。就像在树林中慢跑一样，如果熟悉路，你跑起来就更自信。如果不知道朗读内容，那么就在开始之前先看一遍或者扫一眼材料吧。哪怕只用几秒钟，眼睛也能看到文中的内容，因为熟悉，你就会更自信，也就知道怎样更有效地利用自己的声音了。

开始朗读后，要充满信心。控制好你的呼吸，慢点读，让声音从身体内部发出来（不要光从喉咙发声）。你的语气不要太单调，变化音调和稍微调整语速能使朗读的感情色彩更丰富、重点更突出。你可以适当放慢速度，有意识地根据内容改变语气的轻重。

不论是读一篇童话故事、一段演讲文稿，还是做个人宣传，都要让大家感受到你的热情，对每个词的发音都要清晰准确。你要时常和听众进行眼神交流，这样做可以取得良好的效果，拉近你和听众的距离。当然眼神交流的前提是适可而止，如果你瞪着眼睛像看待猎物一样盯着自己的听众，除了让人紧张和反感外，不会有任何收获。

当你开始朗读的时候，需要注意以下几个小诀窍，它们可以帮助你提高朗读水平：

◎一般情况下，段落间的停顿最长，句子间的停顿最短，层次间的停顿居于二者之间。文中有标点符号的地方停顿的时间长短一般是：句号、问号>分号，冒号>逗号>顿号。

◎当内心世界的变化平缓或感情色彩平淡时，语速可减缓些；反之，语速就需快速、剧烈。

◎语调一般分为4个音调，“平调”没有明显的高低变化，语势平直舒缓，常用于陈述句；“升调”前低后高，语气上扬，常用于疑问句；“降调”前高后低，语气下降，一般用于感情强烈的感叹句；“曲调”朗读时语调由高转低再转高，或由低转高再转低，一般用于较复杂的情绪和感情。

真正读好一篇文章绝不是一朝一夕的事，对此，我们向所有有志于提高自己朗读水平的男孩建议：享受你正在朗读的东西，全身心地投入进去。

万一，我是说万一，万一你不小心出了差错，那也没什么大不了！不要手足无措。微笑、呼吸、纠正错误，然后接着朗读吧！

从此不再害怕考试

考试，是检查掌握知识的程度和分析问题、解决问题能力如何的一种方法。许多男孩常常会在考试的前几天产生一种烦躁不安的情绪，看不下去书，又没有心思玩，拿起语文课本，又会想起数学考试来……这就是人们常说的“考前焦虑”。

考前焦虑部分是由惧怕失败的心理造成的，也有一部分是由自卑心理产生的。

有的男孩习惯了将考试成败看得很重，一次考试失利了，他就会把这次挫折看成所有考试科目的失败，心中老想要是这次考试成绩不合格怎么办，进而担心升级、升学，乃至觉得前途暗淡。这种变态的联想，会不断激起紧张的情绪，从而产生怯场行为。

也有一些男孩，他们平时就不能相信、肯定自己，对考试缺乏信心，总以为自己功底不扎实，掌握的知识不牢固。在潜意识中，他们认为不管自己怎么努力，都不可能考好。对于他们来说，还没有考试，就已经认输了。他们唯恐自己准备不充分，等到上了考场以后又害怕遇到难题，由于考前就很担心，一进考场心就紧张得怦怦跳，自己把自己吓蒙了。

还有不少喜欢考前临时抱佛脚的男孩，他们认为只要多花时间多用脑，准会考出好成绩，于是临考前天天开夜车，结果，由于睡眠不足，大脑负荷过重，走进考场时大脑的兴奋与抑制严重失调。最后，自然无法考出自己满意的成绩。

其实，考试一点也不可怕，聪明的男孩常常会从容不迫、沉着冷静地面对考试，他们能够主动而有效地安排时间，从而保持良好的应考状态。如果能够掌握上面这些诀窍的话，相信你也可以考出自己最佳的水平来。

消除考前焦虑最重要的一条是树立自信心，相信“自己不那么容易失败”“我不比别人差多少，同样的人，他行，我也行”“即使下一分钟就考试，这一分钟我依旧泰然自若”。这里我们要强调一点，建立自信心只能依靠自己，在这件事上，别人是不能代替自己的。只有敢于相信自己、肯定自己，轻装上阵，无所顾虑，相信“别人能考好，自己不比别人差什么，我也一定可以考好”，才能考出实际水平。

当然，光有自信还不够，下面有一些小窍门，能够让你摆脱考试的阴影。

◎一科考完之后，许多男孩子喜欢和别的同学对答案。这种方式对你的情绪影响很大。有的男孩会因考试出现错误产生自责心理造成情绪低落，影响下一科目的考试。其实，考试的时候最需要的就是自信了，你要相信自己的头脑。每科考试结束之后，你不用和别的同学讨论，以免影响自己的情绪。

◎考试的时候，很多男孩总是会因为考场严肃的气氛而变得紧张。许多男孩只要一坐进考场，哪怕自己坐的就是平时上课的座位，也会心跳加快，难以平静，影响考试。有一个很好的办法，可以让你的心情变得轻松。首先，把考场想象成自习室；试卷一发下来赶紧读卷，一般第一眼看到的试题是自己会做的，就会比较容易平静下来；如果看到的第一道题还一时无法解答，那么只瞄一眼就赶紧看下一道题，从会做的题开始，用一点的胜利，稳定心理带动全面的胜利。

◎你可以暗暗叮嘱自己：“我难别人也难，不用紧张。”“别人交卷，我不慌，时间还多着呢！”千万不要小看了这些话，它能让你慢慢地平静下来。

◎当你因为过度紧张而无法控制自己的时候，可以先搁下试卷，去做些与考试无关的活动，或闭目休息片刻，这种转移自己注意力的方法，可以克服紧张情绪。同时也可以采用深呼吸的方法，先指导自己舒适地坐好，深深地吸口气再慢慢地呼出来，呼吸节奏比平时慢一半，同时放松全身的肌肉神经，这也能消除极度紧张的状态。

◎冷静沉着地读卷，一丝不苟地把全部考试试题看一遍，正确理解题意。如果发现有不明确或不理解的试题，应立即举手请教老师，让老师讲清楚。然后，从整体上看一看考试的题型以及分值等，这样以便分配考试时间，占分数多的试题可考虑先做。

◎试题并不要按给定的顺序解答，因此可以从最容易做的题目做起，这样可以增强信心，自己掌握的知识可以完全反映到试卷上。如果在做的过程中，遇到了难题，一般三五分钟还不知从何入手，这时就要放下这道题，先做后面的题。等其他题做完了，有时间再回头做这一题。碰到难题如果不跳过去，不仅耗费了有限的考试时间，还可能弄得后面会做的题也没时间去做，而且会挫伤自信心，增加紧张心理，出现思路阻塞，致使本来会做的题也一时不会做。

◎只要时间许可，一定要从头到尾检查一遍。检查时不应用原来的解法，而应当用别的解法来检查；或者把答案代入试题进行验算。不过，检查中发现错误后一定要反复推论，确认是错了，才在试卷上修改原先的做法和答案。因为，第一次做时，往往比较准确，错误率较小。有时候，有的男孩在检查时反而改错了，原因就在这里。

◎如果考试时间快到了，还有试题没有做完，应尽可能地把简约解法和答案写上。

◎答卷字迹清晰整齐、卷面干净整洁也是十分重要的。字迹潦草不可辨认，卷面乱七八糟，阅卷老师也无法给你判卷评分。

最后，还要告诫男孩的一点是，考试不能临阵磨枪，但可以协调好每一门课的复习时间和复习内容。语文、英语、数学……门门要考、门门要看，可时间就那么多，最好的办法就是根据时间的多少和自己各门功课的好坏，安排一个复习计划。

你可以在考试前写一份考试课程的提要。根据自己的回忆，把重要的概念、公式、难点、学习心得、解题技巧一一写出来，按学科本身的体系排列，如果你可以把这门课的每一部分都回忆出来写清楚，就会感到考试有把握。然后，把写提要时发现的弱点列出来，重点复习；或者针对这些弱点找来一些习题，量要大，题要难，自我训练一下。这样的考前复习花的时间不多，效果却比较好。

一切伟大都有个平凡的开始

大师并不是一蹴而就的，现在的你也许成绩并不优异，但是不要灰心，更不能放弃，你并没有输。不信？让我们去看看那些大师，看看他们曾经的成绩单。

众所周知的鲁迅先生，他念私塾时的成绩已不可考。但似乎他对百草园比对三味书屋更感兴趣，暂时看不出是个天才儿童的样子。鲁迅后来游学南京，17岁考进不收学费的江南水师学堂；还参加过一次科举考试，未中；后转入江南路矿学堂。他在“职业高中”的成绩不错，以第一等第三名毕业，然后被学校选派日本留学。

让我们来看一看鲁迅在日本仙台医专的成绩单：

全班142人中名列第68，属中等学生，专业学科医学的平均分是65.5分；成绩最好的是非专业学科伦理学，83分；分数最低的是解剖学59.3分，教这门课的老师就是正直、谦和、可敬的藤野先生。

从成绩单的数据上看，鲁迅学习医学的能力一般，将来成为一名杰出医生的机会并不大，他的兴趣似乎在人文科学上面，这也更容易解释鲁迅后来走上文学创作道路的原因。

四川乐山郭沫若故居也保存着两张郭沫若的成绩报告单。一张是嘉定府官立中学堂于1909年5月28日所发的，郭沫若当时16岁，刚刚读完中学二年级。成绩单上的成绩是：

修身35，算术100，经学96，几何85，国文55，植物78，英语98，生理98，历史87，图画35，地理92，体操85。

另一张成绩单是四川官立高等中学堂所发。郭沫若当时18岁，读完了该校三年级第一学期的课程。成绩是：

实验80，品行73，作文90，习字69，国文88，英语98，地理75，代数92，几何97，植物80，图画67，体操60。

从两张成绩单上的成绩看，郭沫若当时显然算不上优等生。第一张成绩单平均成绩79分，包括国文、图画在内的3门功课不及格，最差的仅35分。第二张成绩单上，图画、习字的成绩也很一般，倒是理科成绩如几何、代数等反而高。不过，郭沫若后来终究没有成为数学家或医学教授，却成了诗人、书法家，确实有些出人意料。

爱因斯坦是20世纪最伟大的科学家，人们对爱因斯坦的学生时代议论纷纷，有人说他是小神童，也有人说他是懒学生，还有人说他是个奇怪的幻想者。我们不妨来看一看爱因斯坦学生时代的成绩单，也许会让你吃惊不已。

爱因斯坦故居二楼居室门厅现在是故居的售票和接待处，墙角有一张写字台，放着爱因斯坦1900年的文凭和1885～1886年的成绩单：

物理6分，数学6分，法语3分，德语4分，历史5分。

当时，爱因斯坦所在的阿劳学校的评分顺序是从1分到6分，1分为最低分数，6分是最高分数。

爱因斯坦在这一年里，除法语外，其他成绩都是不错的。即使是大科学家爱因斯坦，也并非全能，至少使用法语就曾是他的薄弱一环。

日本科学家、诺贝尔物理学奖获得者小柴昌俊在大学时期是一个“差生”，16个科目中，拿优的只有2项，而且还是那种只要去上课就能拿到“优”的实验科目。

当他结婚的时候，老师写来的祝词便是：“今天的新郎虽然是东京大学毕业的，但成绩是刚刚及格。不过，他的前途多少好像还有点希望。”这份祝词不仅吓坏了他的岳父岳母，还让他的亲戚都为他的前途提心吊胆呢！

然而，就是他，后来却在美国罗切斯特大学取得哲学博士学位，并担任了日本东京大学初级粒子国际中心的名誉教授。在戴维斯研究的基础上证实并扩大了对中微子的探测成果，捕获到超新星大爆发时释放的中微子。因此，他与美国的莱蒙德·戴维斯和里卡尔多·贾科尼共同获得了2002年的诺贝尔物理学奖。

每个人的一生都在不断地学习，老师与成绩单不可能永远跟着我们，更多的时候，我们需要自己来检验自己。小柴昌俊曾说过一句让我印象深刻的话，与所有为了自己成绩而苦恼的男孩共享：

> 那时，大家一般都有半数以上的科目是优，我恐怕是班上最差的，但我一直相信，成绩单并不能保证你的人生。虽然我的成绩不好，但我也有自己的强项，而且我坚信，学习最重要的就是你自己的主动性。

第二章 越长大越烦恼

“小小少年，很少烦恼，眼望四周阳光照……一年一年时间飞跑，小小少年在长高，随着年龄由小变大，他的烦恼增加了。”一首《小小少年》道尽无数男孩心声，为什么越长大越烦恼，怎样才能直面且消除烦恼，是每一个男孩都在思考的问题。

清除烦恼有窍门

“愁”，在汉字中是一个很有趣的字，它由“心”和“秋”组成，是一个会意字。在古代，秋天表示收获，所谓“秋收冬藏”，“秋”自然就悬在人们的“心”上，令人忐忑不安，成为人们“心”上挂念和担忧的“事情”了。

先来看一个故事：

小熊尼莫冬眠醒来后做的第一件事，就是开始为自己未来的食物——蜂蜜苦恼。

它一面看着太阳，一面忧虑：春天的阳光不够好，要是森林里的那些花开得不够灿烂，蜜蜂会不来采蜜，或者蜜蜂来了，采到的蜜却没有往年那么香醇，该怎么办呢？

还有那夏天的雨水，简直没完没了，那些花一定会被雨水糟蹋的。它们太娇弱了，很容易被泡烂了根系。再说了，在这样糟糕的天气里，蜜蜂也会罢工的。尼莫越来越担心，因为按照它的这些假设，今年一定吃不到一点儿蜜了。

尼莫变得焦躁起来，在蜂房的周围不停徘徊，除了担心还是担心。它没有了去找其他吃的东西的心情，或者是安静地休息一会儿、看看别的事情的空闲。就这样，春天和夏天就在尼莫的忧虑里慢慢地过去了。

当秋天来临的时候，气温偏高，秋旱又开始持续了。夏天里蓊郁的植物变得衰弱，到处都是食叶害虫和地下害虫，尼莫家附近的花已经气息奄奄。忧虑的小熊开始整夜整夜地失眠，失眠的日子里它在花丛里奔走忙碌着捉虫。可是不管它怎么努力，虫子一点儿也没见少。

尼莫的许多个日日夜夜，就在这样的担心和忧虑中过去了。

其实，在春天那些阳光不好的日子里，尼莫吃到了油菜花的蜜；在夏天的雨季里，它吃到的是枣花的蜜；虫子最多的时候，它吃到了向日葵的蜜。在应该吃到蜜的日子里，尼莫并没有像自己担心的那样什么都没吃着，尽管有时候吃得少一点儿——它白白替那些花和蜜蜂操心了。

都说“少年不识愁滋味”，可我的身边总能找到这样一些“尼莫”式的小男生，他们为生活和学习中的事烦恼着。

其实，他们并不需要为那些多余的事情忧虑，就像小熊尼莫一样，它本来应该是这样的：每天在森林里找找鸟和昆虫，吃饱了晒晒太阳，晚上待在洞里呼呼大睡，如果蜜酿好了，它自然会知道。

男孩出现忧愁和烦恼是常有的事情，如果烦恼总得不到解决且长久地情绪低落，那么就很容易出现问题。

你可以对比一下，看看自己有没有以下的表现，如果有的话，那么你也需要找到消除忧愁的窍门。

整日愁眉苦脸、心事重重、心烦意乱、情绪低落，对什么事情都没有兴趣，不能安心学习和做事；即使是面对让人高兴的喜事，也常常毫无喜悦之情，有时甚至会对此感到忧伤和痛苦；看什么都不顺眼，做什么都觉得不顺心；拒绝与父母和同学沟通、交流，时常封闭自己或与人闹对立；有些男孩还会产生身体不适，比如感觉头晕、恶心、腹痛、肢体无力等。

让你变得忧愁的原因有很多，比如学习压力过大，理想和现实有冲突，不能实现自己的愿望，父母或老师不理解自己，不被认可和接纳，在学习、生活中有无用感等。那么，怎么做才能让自己远离忧愁呢？

如果你来到中美洲的危地马拉，就会在这里的土著人家里看到一种色彩亮丽、鸡蛋大小的盒子，他们称之为“消愁盒”。这个小盒子里装着6个小巧的玩具娃娃。当某一个家庭成员遇上烦心事的时候，就会从盒子中取出一个小娃娃，将心中的忧愁和郁闷向娃娃倾诉一番，然后将娃娃放置一边，各种忧愁也和娃娃一道被抛之脑后。

如果在同一天，这个人又遇到了另一件烦心事，那么另一个娃娃就会被选出来担当“听客”。每一个娃娃“听客”，在听过主人的心事之后，都会被留在盒外，代替主人承受忧愁，思考对策，主人则一身轻松地安心做其他事情。当一天结束以后，所有被选出的娃娃又会被重新放进盒子里，以供明天之用。

在我们的生活中，很多令我们发愁的事情，都是没法马上解决和消除的，它们令我们忧心忡忡，让我们变得烦躁消极。假如我们能将这些忧愁彻底发泄出来，就算一下子没有办法解决，也可以暂时将它们放在一边，清空我们的大脑，让我们有精力和时间去做其他的事情。

受“消愁盒”的启发，我们可以总结出这样三条应对忧愁的简单公式：

◎把你的忧愁彻底向别人诉说出来，无论是朋友、家人或者自己；

◎如果有些事情能够或者需要及时予以解决的，那就立即行动起来；

◎如果有些事情暂时或较长时期无法或无望解决，就将它们搁置起来，将注意力和精力聚焦在其他必须做的事情上。

忧愁并不可怕，只要你认真遵循以上几条去努力，就可以一点点地让忧愁远离自己的生活，使自己重新拥抱阳光灿烂的生活。

定下目标，让自己没时间烦恼

没有目标，你就会感到空虚和无聊。要谋求成功和幸福，我们的人生就不能没有一个远大目标。目标对于成功，犹如空气对于生命，没有目标的人不可能成功。

这个故事跟一个小男孩有关。

小男孩的父亲是位马术师，由于经常跟着父亲四处奔波，男孩的求学过程并不顺利。

初中时，有一次老师叫全班同学写作文，题目是《长大后的志愿》。

那晚小男孩洋洋洒洒地写了7张纸，描述他的伟大志向，那就是想拥有一座属于自己的农场，并且他仔细画了一张农场的设计图，上面标有马厩、跑道等的位置，然后在这一大片农场中央，还要建造一栋巨宅。

小男孩花了好大心血把作文完成，第二天交给了老师。两天后他拿回来，第一页上写了一个又红又大的“F”，旁边还写了一行字：下课后来见我。

脑中充满幻想的小男孩下课后带着被批改的作文去找老师：“为什么给我不及格？”

老师回答道：“你年纪轻轻，不要老做白日梦。你没钱，没家庭背景，什么都没有。盖座农场可是个花钱的大工程，你要花钱买地、花钱买纯种马匹、花钱照顾它们。”老师接着又说：“如果你肯重写一个比较不离谱的志向，我会重新给你打分。”

这男孩回家后反复思量了好久，然后征求父亲的意见。父亲只是告诉他：“儿子，这是非常重要的抉择，你必须自己拿定主意。”

再三考虑了几天后，他决定原稿交回，一个字都不改，他告诉老师：“即使拿最低的分数，我也不愿放弃梦想。”

20多年以后，这位老师带领他的30个学生来到那个曾被他指责的男孩的农场露营一星期。离开之前，他对如今已是农场主的男孩说：“说来有些惭愧，你读初中时，我曾泼过你冷水。这些年来，我也对不少学生说过相同的话，幸亏你有这个毅力坚持自己的目标。”

能如此坚信自己目标的人真是少之又少，我们大多数人常常将自己的伟大目标舍弃。

为什么要树立人生目标？如果一艘轮船在大海中失去了方向，就会在海上打转，直到把燃料用完，仍然到达不了岸边。事实上，它所用掉的燃料，足以使它来往于大海两岸好几次。一个人如果没有明确的目标以及达到这些目标的明确计划，不管他如何努力工作，都像是一艘失去方向舵的轮船。

你必须首先确定自己想干什么，然后朝着这个方向努力，才有可能达到自己确定的目标。同样，你应该首先明确自己想成为怎样的人，然后持之以恒，才有可能把自己造就成那样的有用之才。目标会使你胸怀远大的抱负；目标会在你失败时赋予你再去尝试的勇气；目标会使你不断向前奋进；目标会使你避免倒退，不再为过去担忧；目标会使理想中的“我”与现实中的“我”统一。

1953年，美国哈佛大学曾对当时的应届毕业生做过一次调查，询问他们是否对自己的未来有清晰明确的目标以及达成目标的书面计划，结果只有不到3%的学生有肯定的答复。20年后，研究者再次访问了当年接受调查的毕业生，结果发现，那3%有明确目标及计划的学生，在事业、成就感、快乐及幸福程度上都高于其他人。尤其令人惊叹的是，这3%的人的财富总和，居然大于另外97%的学生的财富总和！而这就是设定目标的力量。

下面一些方法，能够帮助你迅速地制订出自己的目标。

◎确定起跑线，找到你现在所处的位置。对自己有一个客观公正的评价，这是非常重要的。明确自己要达成这些目标的原因，即知道自己内心真正想要的是什么。否则，如果认为达成目标虽然很好，但若达不成也不会带来什么痛苦，就自然缺乏动力，极易半途而废。

◎用一周左右的时间，制订出自己的人生发展目标，可以结合下面几个因素进行考虑：社会因素、个人因素、环境因素和其他因素。可以参阅有关人生目标的确立、选择职业的指导性文章以及成功者的经验，包括人物传记等。

◎根据自己的长远目标，制订出中期目标和近期目标。不积跬步，无以至千里；不积小流，无以成江海。事实上，大成就是由小成就所累积的，大目标是由小目标的实现所逐步达成的。短期目标要具体、明确，容易达到，便于检查；中期目标要有衔接性、系统性；长期目标要有激励性、令人向往。所有目标必须明确、具体、特定、有时限，而且难度适中。

◎制订出奖惩措施。选好目标的提示方式，时时强化自己不要忘记。你可以多制订出几套方案，让自己和他人评价比较，然后从中选择出最适合自己的人生目标。制订目标时，要先大后小，执行时则相反，要先从小目标开始做起，与此无关的统统放在一边。

每当设定的目标达成时，便会增强你的自信心，当自信心增强的时候，你的行动力自然也会爆发出来。

◎选定目标后，立即行动。要下定决心，坚持不懈地努力。你的目标没有达成，多半都是由于缺乏坚强的意志品质。

制订目标的时候，你应当综合考虑，慎之又慎，一旦确定，不要轻易更改。但当感觉目标明显不合适时，则应及时予以调整。

集中注意力去做当下的事情

你是否因为自己无法集中精神而苦恼呢？如果真是这样的话，你可能就需要训练自己的注意力了。

小虎是个淘气的男孩，这一天他被班主任叫进了办公室。因为数学老师向班主任告状，说他上课的时候总是心不在焉的，不但摇头晃脑，还趁他转身的时候，对着别人做鬼脸，惹得全班同学哄堂大笑，严重扰乱了课堂秩序。

其实，早在幼儿园的时候，小虎就显得比其他人更加好动，而且他非常不喜欢听老师讲课。上小学以后，这种情况有增无减：上课时不遵守纪律，好晃椅子，分散全班同学的注意力——这些成了家常便饭。尽管每一次老师批评他以后能够保持一会儿安静，可是不到10分钟，小虎马上就有新的手段和方法，总而言之，他成了老师眼中的刺儿头。

这也难怪，因为小虎是个精力特别旺盛的男孩，他特别喜欢看电视，碰上自己爱看的节目他常常能够一连看上两三个小时。

老师都说小虎的脑子并不笨。要是他能够专心学习的话，肯定要比一般同学学得还快，可就是因为好动分心，让他的学习成绩一直不大好。这让小虎很苦恼：怎样才能集中注意力，改掉自己三心二意的坏毛病呢？

注意力对一个人来说非常重要，简单地说，注意力就是指做事的时候能不能“聚精会神”。要知道，在我们的生活中，每时每刻都有大量的信息呈现在我们眼前，而这些信息之中，只有一部分是有意义、合乎我们需要的，还有一部分信息则与我们正在做的事情无关，甚至还会起到干扰作用。而注意力，就是让我们以最直接的方式达到目的的一种行为。

1945年7月16日，美国新墨西哥州阿拉莫戈多的沙漠上突然腾起了一团耀眼的火球，地面上猛烈的冲击波席卷一切，天空中响起了阵阵雷霆般的吼声——这是人类第一颗原子弹试爆的情景。当时在场的一位将军心有余悸地描写道："简直就像几千个巨型炸弹一起爆炸，震耳欲聋。"

在这天崩地坼的时刻，却发生了一件出人意料的事情。站在现场不远处、主持原子弹研制工作的费米教授，却完全没有听见那一阵“巨大的雷霆”。他在全神贯注地撒小纸片，看冲击波能把它们吹多远，由此来推算核爆炸的威力。冲击波过去后，他抬头看看迅速升起的蘑菇云，奇怪地问：“怎么，没声音？”

费米教授的听觉出了问题吗？不，只不过是因为他把自己的注意力高度集中到了小纸片上，以至于“充耳不闻”了。

这个故事听起来是不是很不可思议呢？人们要想感到真正的快乐，就必须把全部注意力集中在一件事情上。比如，专心地谈话，仔细地品味食物，聚精会神地看电影。也就是说，只有当我们不把注意力分散在多个任务上时，才会享受到真正的快乐。

不过，不少男孩都存在着注意力不能集中的问题，就像故事里面的小虎一样，并不是他不想集中注意力，而是自己根本就不能控制自己的行为。为此，这些男孩没少受到老师和家长的“教训”，一个个地陷入了苦恼之中。

亲爱的小读者，你可以通过下面的行为，来判断自己是否存在注意力不集中的情况、

◎上课的时候，经常东张西望，做小动作，比如玩钢笔、抓耳挠腮等。

◎不能服从老师的指令，不遵守课堂纪律。遇上一件小小的事，就反应强烈，情绪激动，并好长时间平静不下来。

◎总是想着与同桌说话，不能专心做作业。

◎做作业速度慢，别人一小时就能完成的作业，你要拖到3～4

小时。

◎不喜欢阅读文字书，尤其是篇幅较长的书。爱看漫画书，并乐此不疲。

◎行为比较急躁冲动，集体活动中不能像别人一样遵守规则，不能等待，表现为急不可耐。

◎课外作业的质量很不稳定，有时很好，有时则很差。

◎特别喜欢做具体的数学题，而不爱解决与听、说、读、写、记有关的作业。

对于男孩来说，怎样在上课的时候集中注意力、避免走神，是一件困难的事情。那么，有什么办法可以让我们集中注意力呢？下面几种简单的方法，也许能够让你摆脱困境。

正坐自然、心平气和

小小的坐姿，往往会影响到我们整个人的心态。古人说读书要“正襟危坐”，就是强调坐姿的重要。注意力的分散往往从坐姿不正开始。课堂听讲时，胸微挺，腹微收，不要伏在桌子上或靠在椅子上。

养成良好的睡眠习惯

很多男孩睡得晚，结果早晨不能按时起床，即便勉强起来，头脑也是昏昏沉沉的，一整天都打不起精神，有时甚至在课堂上伏桌睡觉。8～14岁的男孩每天正常的睡眠时间要保证8小时，这也是提高白天的学习效率、保证时间利用效率的一个重要方面，只有会休息的人才会学习。

学会自我减压

很多男孩把成绩和考试看得很重，自己给自己加压，必然会变得疲惫、紧张和烦躁，变得不堪重负，心里面得不到片刻的宁静。别把成绩的好坏看得太重。一分耕耘，一分收获，只要我们平日努力了，付出了，必然会有好的回报，又何必让忧虑占据心头，去自寻烦恼呢？

充分利用零星时间

零星时间看似很少，利用价值很小，但集腋成裘，聚沙成塔，将零星时间集合起来，就是宝贵的整段时间。

清理书桌

将书桌上与你此时学习内容无关的其他书籍、玩具等物品全部清走。在你的视野中，只有你现在要学习的科目。这样做能减少吸引注意力的外界干扰，使自己迅速进入主题。

提高时间的利用效率

一天的时间里，人不可能始终保持同样的旺盛精力。根据自己的特点，分出轻重缓急，合理分配时间，可获得事半功倍的效果。就像清理书桌一样，将此时此刻自己心头各种无关的情绪、思绪和信息收掉，在大脑中就留下你现在要进行的科目。

自我提醒

自我提醒在心理上会产生“启动效应”。上课前紧握拳头默念“现在上课了，我一定要集中注意力”，刚开始你可能做不到，但慢慢地你会发现自己能够控制自己了。

读者来信

怎样提高注意力

问

作者叔叔：

您好，我上课的时候常常发呆走神，所以跟不上老师的讲课节奏，下课要自己翻看课本很久才明白过来。这个问题让我苦恼，我也知道自己的注意力老是不能集中，请问有什么方法可以让我的注意力快速得到提高呢？

华强

答

华强：

你好，可以通过科学的训练来达到提高注意力的目的，下面我给你介绍一种很简单的方法。

舒尔特方格是在一张方形卡片上画上1厘米×1厘米的25个方格，格子内任意填写上阿拉伯数字1～25。训练时，你只要用手指按1～25的顺序依次指出其位置，同时诵读出声。

答

见下图：

13	7	25	6	11
17	21	3	24	18
2	9	1	14	10
12	22	16	5	23
20	8	19	15	4

17	3	11	21	13
6	10	24	4	19
14	7	22	15	8
20	18	1	25	23
9	2	12	5	16

答

7	18	22	10	4
15	2	6	14	17
9	12	20	8	24
21	5	3	25	1
13	23	16	19	11

假如你能坚持每天练习一遍这样的图表，你的注意力水平，包括注意的稳定性、转移速度和广度，肯定可以得到大幅度的提高。

运用这种方法的时候，你可以自制几套卡片，绘制表格，任意填上数字。从1开始，边念边指出相应的数字，直到25为止。一边用手指点，一边念出来，越快越好。计时开始，你用的最短的时间是多少秒呢？你能在30秒内完成吗？

男孩的37条“军规”

◎早上一定要吃早餐，没有吃的话也一定要喝杯水。

◎洗手后不要随意甩手，水甩到别人身上很不礼貌。

◎擦桌子的时候要往自己的方向抹。

◎吃饭要端碗，不要在盘子里挑拣。

◎吃饭的时候尽量不要发出声音。

◎吃完饭退席时说：“我吃完了，你们慢吃。”

◎给人递水递饭一定是双手。

◎递刀具给别人要记得递刀柄那一端。

◎盛饭或端茶给别人时，如果中间隔了人，不要从别人面前经过递，而要从别人后面绕过递。

◎别人给你倒水时，不要干看着，要用手扶扶，以示礼貌。

◎帮别人倒茶倒水之后，壶嘴不要对着别人。

◎站有站相，坐有坐相。

◎坐椅子不要翘起来。

◎最后一个进门要记得随手关门。

◎送人走要说：“慢走。”

◎遇到那种往里往外都能开的门，拉而不是推。

◎屋里有人的时候，出门要轻手关门。

◎去别人家里，不要坐在人家的床上。

◎如果问别人话，别人不回答你，不要不停地问。

◎当别人和你说话的时候，你起码要能接话，不能人家说了上句，你没了下句，或者一味地说着“啊啊啊”和“是是是”。

◎听别人说话的时候，眼神不要游移，这样显得很没礼貌。

◎学会聆听。

◎接打电话第一句话一定要是“喂，您好”，挂电话的时候等别人先挂。

◎有人盯着你看的时候不要直视对方，假装没注意到。

◎不随地吐痰或扔东西，如果没有垃圾箱，就拎回家扔垃圾桶里。

◎走路手不要插在口袋里。

◎有时候孤单是正常的，不要害怕，要自己调整。

◎不揭别人的短处。

◎说到就一定要做到，做不到的就不要承诺。

◎不要贪财，钱再多也有花完的时候。

◎晴带雨伞，饱带干粮——未雨绸缪总是好的。

◎生活中会遇见各式各样的人，你不可能与每个人都合拍，但是有一点是四海皆准的：你如何对待别人，别人也会如何对待你。

◎别人批评你的时候，即使他是错的，也先不要辩驳，等大家都平静下来再解释。

◎简单的事情复杂做，复杂的事情简单做。

◎机会只留给有准备的人，天上不会掉馅饼。

◎不管什么条件下，仔细刷牙，特别是晚上。

◎要对自己的行为负责，不要怨天尤人，在做之前要想想应不应该，出了事要学会自己解决。

面对不公平，不要烦躁与忧愁

为什么某某长得比我帅！

为什么某某的家庭条件比我的强！

为什么某某在学校里总是得到老师的关注和照顾！

……

真是太不公平了，怎么会有那么多的不公平呢？这些不公平又是哪里来的？什么是公平？公平又是由谁来决定的呢？是我们的爸爸妈妈，还是我们的老师决定的？

谁能够来帮助你解答这些问题？又有谁能够帮助你来解决这些“不公平”呢？这两个问题的答案倒是显而易见——没有人。不要认为会有人为你解答这些问题，这些问题的答案必须由你自己去寻找。

没有人能够决定你的公平，真正的公平完全由你自己来决定。生活本来就是不公平的——每个人的出身、性别、家庭、长相都不相同——造物主在创造人类的时候并不是带着一颗公平之心的。

畿米有一首小诗，写得很有意思：

犀牛要我向左走，大象要我向右走。

乌鸦要我向前进，乌龟要我向后退。

毛毛虫要我笑嘻嘻，金龟子要我泪涟涟。

天使要我乐观进取，魔鬼要我堕落放弃。

都是别人的错……全都是别人的错……

自己真的一点儿错都没有吗？当然不是，只有失败者，才会把所有的原因归咎于别人。对于男子汉来说，一切的不公平都已经成为既定事实，只有懦弱的人才会把时间浪费在抱怨上。要知道，你再怎样抱怨也是没有效果的，只会让自己在人生的赛场上跑得更慢、更费力。当那些带着胜利笑容的同龄男孩冲向终点的时候，你还在抱怨着“不公平，太不公平了”，这有用吗？可以改变不公平的状况吗？与其这样，还不如好好地调整自己，使劲地向前跑吧！

我的一个好朋友曾经给我讲过这样一个故事：

上帝在10个人面前把1、2、3、4、5、6、7、8、9、0这10个数字摆出来，说道：“你们去取吧，但每人只能取一个。”

人们争先恐后地上去，把9、8、7、6、5、4、3都抢走了。取到2和1的人，都说自己运气不好，得到的太少了。

可是，有一个人却心甘情愿地取走了0。有人说他傻：“拿个0有什么用？”有人笑他痴：“0是什么也没有呀！要它干啥？”

这个人却说：“从0开始嘛！”说完，他便开始埋头苦干，开始孜孜不倦地干起来。他获得1，有0便成为10；他获得5，有0便成了50。他一心一意地干着，一步一步地向前。

他把0加在他所获得的数字后面，便十倍十倍地增加。他终于成为最富有、最成功的人。

我的这位朋友，是我在大学的室友，当时的他是笑着讲述这个故事的。可我知道，他之所以会对这个故事印象深刻，恰恰是因为他曾经遭遇过太多的坎坷和不公平。家境贫寒、生活清苦、身体瘦弱、不受父母喜爱……只要是你能够想到的“不公平”，几乎都能在他身上找到。可是他却从来没有抱怨过，他的目光始终是清澈而明亮的，甚至于当他在宿舍泡着一包方便面的时候，你都能从他的举动中读出一种风度，就像一位国王在检视着自己的花园一般。在他的身上，你看不到一丝一毫的不公平，公平本来就不需要用什么来证明。

在我看来，这位朋友也许不是最优秀的，但一定是最有自制力的。他并不是一个一心捧着书本苦读的书呆子，他喜欢运动，也喜欢游戏，每天一小时——这是他为自己制订的计划，他是我见过的唯一一位能够将自己的目标贯彻到底的同学，这一点让我格外地钦佩。事实上，通过自己的努力改变自己的生活，这样的例子每时每刻都在发生着。

当我们身边的一些人为了某些小小的不公平抱怨甚至放任自流的时候，总有这样一些人，他们总能很好地控制着自己的方向。对他们来说，不公平并不是什么了不得的阻碍，相反却是生活赐予的一种财富。微软总裁比尔·盖茨曾经给年轻人写了11条忠告，第一条就是：生活是不公平的，你需要去适应它。

坦然地面对生活中的不公平，通过自己的努力去适应并且改变这种不公平，这才是我们最需要的。要知道，你可以公平地选择对待生活的态度，公平地选择对待快乐的态度，公平地选择你自己的时间……这些难道不比那些原本就存在的不公平更值得你为之欢呼、为之高兴吗?

当你的嘴里冒出“不公平”这个词时，就像你开始学着走路、学着说话、学着思考、学会爱一样，能够提出这个问题，本身就证明你成长了。

许许多多的“不公平”让你觉得烦恼和痛苦，就像脸上悄悄爬上了青春痘，可是别忘了天下不是只有你一个人长青春痘！记住，这些小问题只是生命中的插曲，很快便会过去了，只要你正确地处理好，别让它干扰你的情绪，你会发现，它并不像你想象中的那么难以对付。

曾经看到一段非常精彩的话，摘下来和正在看这本书的你共享：

你不能决定生命的长度，但你可以扩展它的宽度；

你不能改变天生的容貌，但你可以时时展现笑容；

你不能企望控制他人，但你可以好好掌握自己；

你不能全然预知明天，但你可以充分利用今天；

你不能要求事事顺利，但你可以做到事事尽心。

你的钱包你怎么做主

小鹏现在一所寄宿学校读初中，每个周末回家一次。在交了所有的住宿费、书费、学杂费之后，父母每周还会给他50元零花钱，作为购买学习用品、生活用品等的费用。小鹏在小学时基本没有零花钱，因为所有的学习和生活用品父母都给他准备好了，连同在校的午餐费也都是父母提前交够的。现在有了零花钱，小鹏突然觉得自己很“富有”。

可是这50元零花钱小鹏每周都花得精光，在买了必需的练习本、钢笔水之类的学习用品之后，小鹏就会想着法儿把剩余的钱都花掉。比如，买一些明星贴纸、看着好玩的小饰品、零食，请同学吃冰激凌等。

爸爸知道这件事后，把儿子叫到身边，问他："小鹏，你是不是每周把50块钱全都花了啊？"

"是啊，你们给我钱不就是让我花的吗？"小鹏说。

"是让你花的，但这些钱你是不是都花在必要的地方了呢？把一些没必要花的钱省下来存起来，说不定你以后有更需要用钱的地方呢。这样不是更好吗？"爸爸说。

"这怎么省、怎么存啊？"小鹏疑惑地问道。

"来，爸爸告诉你怎么更好地支配这些钱……"

上中学以后，很多男孩都有了一定数目的可以自己支配的零花钱，这其实是一个很好的锻炼自己的机会。一般来说，青春期孩子的自我控制能力还不强，因而很多男孩就常常会把口袋里的零花钱胡乱花掉。事实上，把零花钱存起来比胡乱花掉更有意义。

把零花钱存起来而不是胡乱花掉，对于青春期男孩来说有很多好处，可以在很多方面让自己得到锻炼。比如，通过制订合理的消费计划，明确哪些钱该花、哪些钱不该花，可以培养自己的理财能力和安排自己生活的能力；通过控制自己的某些欲望，不去乱花钱买自己想要的东西，可以培养自己的自我控制能力；利用存起来的钱参加更有意义的活动，比如慈善捐款、参加夏令营等，可以优化自己的个性、增强自主性，等等。

比利时青少年处理零花钱的做法可以给男孩一些借鉴。比利时的青少年每月都可以从父母那里得到不同数目可以自由支配的零花钱。一般来说，他们从10岁开始每月就可以得到零花钱了。

10～12岁的孩子每月从父母那里得到的零花钱相对少些，平均为14.8欧元（1欧元相当于人民币6.8元）；13～14岁的孩子平均每月为25.8欧元；到了15～16岁，平均每月36.5欧元；17～18岁的孩子已经接近成年，在零花钱上的待遇就强多了，每月平均可从父母那里得到56.3欧元。

比利时孩子如何支配这些零花钱，父母一般都不过问，由孩子自由决定。而这些孩子并非只懂消费，很多孩子都懂得理财之道。例如，这个年龄段中80%的孩子有自己的银行储蓄账户，1/3的孩子会将自己零花钱的半数存到银行里，以留待支付比较大的、自己想要的东西，比如购买自己喜欢的游戏盘、CD盘、自行车等。鉴于手头财力有限，很多比利时孩子平时花钱都很懂得自我限制，从不乱花钱，否则就得不到自己更想要的东西。

因而，男孩要学习一下比利时青少年的做法，不要把零花钱乱花掉，而是认真地计划好自己的日常开销，可到银行开一个自己的账户，在支付了必要的日常费用后，把剩余的零花钱存起来。

和父母相处应该怎么做

你是否感到和父母的意见不能完全一致？你是否在生活方面经常和父母发生争执？所有这些争执和冲突是否都让你感到有压力？和爸爸妈妈相处也是有窍门的，你知道吗？试试下面的方法，来找寻一些安宁。

将你和父母经常发生争执的事情列一张清单。

弄清楚是什么让你如此心烦或生气——是因为父母不同意你的意见让你十分恼火呢，还是因为他们不明白或不愿了解你的观点使你心烦意乱？

确定一个公正合理的妥协方案——一个既能让你接受，也能被父母采纳的解决方案。注意：妥协意味着你得放弃一些你的要求。

安排时间和父母谈谈，别在吃饭的时候谈，而是事先约定好，告诉他们你有个重要的提议。

谈话时带上你的发言提纲，这样可确保你在情绪激动时不会离题。你甚至可以考虑像发表演讲一样，向你的父母宣读这个发言提纲。

在和父母谈话前，做几次深呼吸，冷静地思考一下。向自己承诺，即便是在父母声调提高的时候，你也不大声说话或生气。

当你陈述完毕，再深吸一口气，然后让你父母说话，倾听他们所说的内容。即使你不喜欢他们说的那些话，也要心平气和，敞开你的胸怀认真听。

避免感到压抑或沮丧。不要打断他们，不要插话进行反驳。要认真听取并理解他们所说的话。

如果父母反对你的提议，注意力集中，情绪不要激动。感谢他们能抽出时间来商议，同时也对你们之间不能达成妥协表示失望。如果父母接受了你的提议，应表示感谢，并保证你不会让他们失望。然后你要做出必要的行动，以向他们表明你支持他们所做出的正确决定。无论结果如何，做父母要求你做的事。通过配合他们对你的期望，你建立了信任，展现了成熟。作为回报，将来有一天他们会更乐意松动自己的立场。

如果议题非常敏感，你们最终也未能达成一致，问问他们，究竟要怎样做才能让他们考虑你的建议。向他们发誓一定按他们说的做，并问他们是否同意数周后再议此事。如果结果让你失望，别大发脾气。回你的房间，在日记里写下你的感受；或到户外去骑车；或者痛揍枕头来发泄怒火。

平时在与父母相处的过程中，要注意建立有效沟通和解决问题的机制，不要等到发生事情之后再硬着头皮与父母交流，这样双方不太容易把握好情绪，也不容易找到恰当的交流语言，一有言语不周就容易偏离交流目标。在与父母交流时要注意以下几个方面：

主动交流。每天找出一点儿时间，比如饭前或饭后，主动和爸爸妈妈谈谈自己的事，与家人一起分享你的喜怒哀乐。

创造机会。每周至少和爸爸妈妈一起做一件事。

认真倾听。当被父母批评或责骂时，不要急着反驳，试着平心静气地先听完父母的想法，说不定你会了解父母大发雷霆背后的理由。

主动道歉。如果你做得不对，不要逃避，不要沉默不理，主动道歉，往往会得到父母的理解。

心动不如行动，从现在就开始吧！

很多事情，原来就这么简单

有个男孩对母亲说：“妈妈，你今天好漂亮。”母亲问：“为什么？今天妈妈明明和昨天一样啊？”男孩回答：“因为妈妈今天没有生气。”

※原来要拥有漂亮很简单，只要不生气就行了。

有一个人去应征，随手将走廊上的纸片捡起来，放进了垃圾桶，被路过的考官看到了，他因此得到了这份工作。

※原来获得赏识很简单，养成好习惯就行了。

有个男孩在脚踏车店当学徒。有人送来一部坏了的脚踏车，男孩除了将车修好，还把车子擦拭得干净如新，其他学徒笑他多此一举。车主将脚踏车领回去的第二天，男孩被请进了他的公司上班。

※原来出人头地很简单，吃点亏就行了。

有个牧场主人，叫他的孩子每天在牧场辛勤工作，朋友对他说："你不需要让孩子如此辛苦，农作物一样会长得很好的。"牧场主人回答说："我不是在培养农作物，我是在培养我的孩子。"

※原来长大很简单，吃点苦头就行了。

有一个网球教练对男孩说："如果一个网球掉进草丛，应该如何找？"有人说："从草丛中心线开始找。"有人说："从草丛的最凹处开始找。"教练说："按部就班地从草地的一头，搜寻到草地的另一头。"

※原来寻找成功的方法很简单，从一数到十不要跳过就行了。

一只住在田里的青蛙对住在路边的青蛙说："你这里太危险了，搬来和我住吧。"路边的青蛙说："我已经习惯了，懒得搬了。"几天后，田里的青蛙去探望路边的青蛙，却发现它已经被车子轧死，暴尸路边。

※原来掌握命运的方法很简单，远离懒惰就行了。

有一家商店经常灯火通明。有人问："你们店里用的是什么灯管，那么耐用？"店主回答说："我们的灯管也常常坏，只要常常更换就行了！"

※原来保持明亮的方法很简单，只要常常更换就行了。

有一只小鸡破壳而出的时候，刚好有一只乌龟经过，从此以后小鸡就背着蛋壳过了一生！

※原来摆脱沉重的负荷很简单，放弃固执和成见就行了。

在一场激烈的战斗中，一架敌机正飞速向阵地俯冲过来，正当班长准备卧倒时，突然发现离他不远的地方有一个小战士还在那儿直愣愣地站着。班长顾不得多想，一下子扑了过去，将小战士紧紧压在身下。一声巨响过后，班长站起来拍拍落在身上的泥土，正准备教育这位小战士，回头一看，惊呆了——原来自己所处的那个位置已被炸成一个大坑。

※原来帮助自己很简单，努力帮助别人就行了。

著名画家凡·高在成名之前，曾在一个矿区当牧师。有一次他和工人一起下井，在升降机中，他陷入巨大的恐惧。颤巍巍的铁索轧轧作响，箱板在左右摇晃，所有的人都默不作声，听凭这机器把他们运进一个深不见底的黑洞，这是一种进地狱的感觉。事后，凡·高问一个神态自若的老工人：“你们是不是习惯了，不再感到恐惧了？”这位坐了几十年升降机的老工人答道：“不，我们永远不习惯，永远感到害怕，只不过我们学会了克制。”

※原来克服困难很简单，忍耐住每一刻的恐惧就可以了。

有一群蛤蟆，举办竞赛，竞赛规则是：谁先到达一座高塔的顶端，谁就赢得胜利。周围有一大群动物在看热闹。

竞赛开始了，只听到围观者一片嘘声："这也太难了！它们根本就爬不上去，无法达到目的，这不是自讨苦吃吗？"蛤蟆们开始泄气了。可是还有一些蛤蟆在奋力摸索着向上爬去。

围观的动物继续喊着："太艰苦了！你们不可能到达塔顶的！"许多蛤蟆被说服停下来了，但有几只蛤蟆一如既往地继续向前，并且更加努力地向前。

比赛结束，几乎所有蛤蟆都半途而废，只有一只蛤蟆，以令人不解的毅力一直坚持了下来，竭尽全力到达了终点。

动物们都很好奇，想知道为什么它能坚持下来到达终点。这时，大家才发现——它是一只聋蛤蟆！

※原来到达终点很简单，坚持自己的方向就可以了。

有记者问爱迪生成功的第一要素是什么，爱迪生这样回答：

"能够将你身体与心智的能量锲而不舍地运用在同一个问题上而不会厌倦的能力……你整天都在做事，不是吗？每个人都是。假如你早上7点起床，晚上11点睡觉，你做事就做了整整16个小时。对大多数人而言，他们肯定是一直在做一些事，唯一的问题是，他们做很多很多事，而我只做一件。”

※原来想要做好一件事很简单，把你所有的注意力都放在上面就可以了。

第三章

与朋友相处的那些事

还有什么东西能比一群有头脑、心地善良、正直的朋友更能丰富一个人的生命呢？作为一名男子汉，他将是一个真正重视自己朋友的人，他会心甘情愿地花费时间和精力去维护那珍贵的友谊，而一个真正珍视友谊的人，他也一定能够拥有更多忠诚的朋友——在他面临逆境时仍然全力支持他。

怎样赢得好人缘

那是发生在20世纪30年代一个德国小镇上的事。

镇上有一位犹太传教士，每天早晨他总是按时到一条乡间土路上散步。无论见到任何人，这位传教士都会热情地打一声招呼：“早安。”

其中，有一个叫米勒的年轻农民，他并不喜欢这位犹太传教士，每次都是一脸漠然地离开。这也不奇怪，那时候的德国人对传教士，尤其是犹太传教士，态度一向很不友好。然而，年轻人的冷漠，并没有改变传教士的热情，每天早上，他仍然给这个一脸冷漠的年轻人道一声早安。终于有一天，这个年轻人脱下帽子，也向传教士道了一声：“早安。”

好几年过去了，纳粹党上台执政。这一天，传教士与村中所有的犹太人一起，被纳粹党集中起来，送往集中营。在下火车、列队前行的时候，有一个手拿指挥棒的指挥官，在前面挥动着棒子，叫道：“左，右。”被指向左边的是死路一条，被指向右边的则还有生还的机会。

传教士的名字被这个指挥官点到了，他浑身颤抖，走上前

去。当他无望地抬起头来，眼睛一下子和指挥官的眼睛相遇了。

传教士习惯地脱口而出：“早安，米勒先生。”米勒虽然没有过多的表情变化，但仍禁不住还了一句：“早安。”尽管声音低得只有他们两人才能听到。最后，传教士被指向了右边——因为一句话，他成为了生还者。

常有男孩会问：“我该怎么做，才能成为一个有好人缘的人呢？”“为什么有的同学人缘总是那么好，哪怕是不经意的言行都能得到大家的认可，而无论我怎么努力学习也做不到？”也许，有的人天生就有获得好人缘的资质。

想知道你是否有好人缘的潜质吗？不妨做做下面这个小测试。

在一次测验后，你凭借优异的成绩和巨大的进步得到了老师的表扬，课后有同学祝贺你，你的做法是：

1. 表面谦虚或不屑一顾，心里暗自得意：“我天生就是比你们聪明。”

2. 羞怯地回答：“跟你比起来差远了。”心想：我一向笨拙，考得好一些大家便这样安慰我。

3. 生气地吼：“我知道自己以前学习不好，犯不着你现在来提醒！”

4. 很真诚地跟他道谢，并且告诉他：“只要你努力，同样也可以做到！”

你的选择是什么呢？显而易见，第四种男孩的做法是最受人欢迎的。那么，为什么前三种男孩的做法会有这样的差距呢？因为心态不同。在与别人的交往中，怀着积极心态的人，自然就会做出悦人的言行，促进与他人关系的发展；反之，若怀着消极的心态去与人交往，不但难以收获和谐的人际关系，反而会让自己陷入困境之中。

第一种男孩，他持有这样一种心态，即“我行，你不行”，他常常会肯定自己、否定别人，简单地说就是自大自傲。瞧瞧刚才情境测试中A选项的同学，难道不是这样子吗？除了学习成绩，长相、穿着打扮、家庭富裕程度、社会地位，还有个人的观点都有可能成为这类同学否定的对象。

第二种男孩的心态则是“我不行，你行”。持有这种心态的人，否定自己、肯定别人，很自卑。他会觉得自己笨，不如别的同学，所以连老师和同学的夸奖也不能给他信心。“我长得不好看。”“我没有什么特长。”“这次考试我又考砸了。”如果你的朋友整天都在给你传递这样的负面信息，你会喜欢他吗？

第三种男孩则是一种“你不行，我也不行”的心态。他既否定自己，同时也否定别人，是极端的悲观主义者。在生活中，这种男孩就像一只刺猬，谁要是接近他，就会被他狠狠地刺伤。

第四种男孩，抱着“我行，你也行”的心态，既肯定自己也肯定别人。他能宽容别人的缺点，欣赏别人的优点。对自己和别人都不会追求完美，容易和别人相处。

怎样才能成为第四种男孩呢？你必须学着去调整自己的心态，努力做到：

积极主动交往

在交往中，主动一点不仅可以形成和谐的人际关系，而且还能锻炼自己的胆量，培养自己大方、慷慨的气度。

尊重每个同学

俗话说：“种瓜得瓜，种豆得豆。”这条朴素哲理同样适用于人际交往，你若处处尊重别人，得到的回报就是别人处处尊重你，尊重别人其实就是尊重自己。

乐于帮助同学

人是需要关怀和帮助的，尤其要十分珍惜自己在困境中得到的关怀和帮助。帮助同学不一定是物质上的帮助，简单的举手之劳或关怀的话语，就能让同学产生久久的感动。特别是你如果能做到帮助曾经伤害过自己的人，不但能显示出你胸怀博大，而且还有助于“化敌为友”，为自己营造一个更为宽松的人际环境。

寻找同学间的共同点，产生共鸣

人与人之间，如果能主动寻找共同点，使自己的思想爱好能与他人趋同，就能够使人们之间增进友谊，结成朋友。

共同点有哪些呢？比如，其他同学的正确观点和行动、有益身心健康的兴趣爱好等，都可以成为你获得友谊的共同点和支撑点。为此，你应响应和主动沟通，以便取得协调一致。当同学取得好成绩获奖时，你应为其欢呼，为其喜悦；当同学遇到困难、遭遇不幸时，你应把别人的困难、不幸当作自己的困难和不幸……做到同甘共苦，你身边的好朋友一定会越来越多。

做人要大度宽容

为人处世要明白一个浅显的道理：人与人是不同的，每个人都有其独特性，有独特的爱好、追求、性格，甚至怪癖，而且人与人频繁接触，难免会磕磕碰碰。因此，在人与人的交往中学会大度和宽容，就会营造出一种亲密无间、融洽无比、互帮互助的人际关系。

勇于诚恳道歉

有时候，一不小心，可能会碰坏同学心爱的玩具；自己欠考虑，可能会误解别人的好意；一句无意的话，可能会大大伤害他人的心……如果不小心伤害了同学，就应及时真诚地道歉。这样不仅可以弥补过失、化解矛盾，得到同学的谅解，而且还能促进双方心理上的沟通，缓解彼此的关系。把道歉当成耻辱，将有可能使你最终失去朋友，人缘越来越差。

一个人要想赢得好人缘，最好尽量减少自己的过失。曾子说："吾日三省吾身。"你应不断检讨自己的过失，提高个人的修养。

当然，要把上述6方面融会贯通、面面俱到并不容易，但只要用心去做，尽力去做，你的人缘就会越来越好。

结交知心朋友的办法

每个人似乎都有自己的朋友了，可自己却总是孤单一个人；课间休息或午餐时间没有朋友在身边，感觉真孤独。你会产生这样的感觉吗？你希望交些新朋友吗？

从小学四五年级到中学这段时间里，你变得和过去不一样了。你不再像以前那样整天腻着爸爸妈妈，在学校这个小社会里，你会有更多的同学和朋友。他们的生活背景和家庭环境都不一样。如果在班级里没有良好的人际关系，很可能会让你变得内向、孤僻。相反，如果你拥有良好的人际关系，就能够使自己的生活更愉快，精神更振奋，身体更健康。由此可见，作为一个男子汉，作为一名大部分时间都生活在学校和班级里的男生，怎么搞好人际关系，怎样使自己成为一个受欢迎的人，就显得尤为重要了。

那么，怎样才能结交到知心朋友呢？这并不是一件简单的事情，你需要调整自己的态度，注意自己的言行，并且改变一些让人变得沮丧的情绪。而这些，需要你时时刻刻投入关注。

听过一个名叫《回声》的小故事，讲的就是一个小男孩改变自己态度的故事。

从前，有一个骄傲的小男孩，他从来就没有听说过回声。有一次，他独自站在旷野里对着四周大喊："喂！喂！"附近的大山立即反射他的回声："喂！喂！"

他觉得很神奇，又高喊："你是谁？"回声答道："你是谁？"

小男孩兴奋地尖声大叫："你是蠢材！"很快山上就传来"你是蠢材"的回答。

这下可捅了马蜂窝，愤怒的男孩立即向着大山骂起来。当然，大山也毫不客气地回敬他。最后，筋疲力尽的男孩只能垂头丧气地回了家。

小男孩把这件事告诉了自己的妈妈。妈妈对他说："孩子，如果你恭恭敬敬地对它说话，它就会和和气气地回答你。在生活中，不论男女老幼，你对别人付出了爱，别人也会给予你爱；如果我们自己吝啬，那也不会得到别人的友善相待。"

听了妈妈的话，小男孩若有所思地点了点头。第二天他对着远处的大山高喊："你好啊！"这一次，大山也柔柔地回应他"你好啊"。

对于上了中学后的你来说，不再像过去那样腻着自己的爸爸妈妈了，大多数的时间你会在学校里度过。学校就像一个小社会，你会有很多很多的朋友。这些同学来自不同的家庭，拥有不同的家庭背景和生活环境。你怎么对待别人，别人就会怎么对待你，只有发自内心地去喜欢别人，并努力地使他们喜欢你，才能真正得到别人的尊重和认同；相反，如果你不注意自己的行为和态度，还像过去那样随意的话，别人也就不会认同你，甚至还会对你敬而远之。

要记住，朋友总是多多益善。就从环顾你的教室开始吧——在课间休息时你想和哪些男孩一起玩耍，就主动和他们分享或表示称赞。邀请他人与你一起玩耍，或者在学校食堂里说："你好，我能够坐在这里吗？"课间休息时，走到你想与其一同玩耍的男孩身边，友善地说："嗨，我能一起玩吗？"或干脆直接加入。

如果你没办法这么做，或者感到害羞，可以请老师帮助你结交新朋友。老师通常很善于撮合朋友。结交朋友最好的方法就是表现得像个朋友。亲切友好，与人分享，言谈积极，乐于助人——用不了多久，你将会拥有一个、两个，甚至更多的新朋友。

你必须了解一件事：你不可能让每一个人都满意。不过，人既然是一种社会性的动物，你要做的就是学会如何与人融洽相处。下面有一些基本常识，它们能够让你的交友大计事半功倍。

问候挂嘴边

要面带微笑，祝愿他人拥有开心的一天。这对自己没什么害处，还能给他人留下大方随和的印象。

乐于分享

袋子里常备薄荷糖或巧克力，问问别人是否也想尝一尝，同时递给他们。

伸出援手

一些简单的举动——例如帮别人提东西或是帮他们开门——就能产生不俗的效果。

笑脸迎人

这也许是最简单的自我介绍方式了。微笑是我们作为人类的要素之一。微笑比皱眉所用的肌肉少得多是大有原因的：大自然也希望我们多微笑。

尊重他人

这个世界充满了差异，但是偏见早就过时了。所以，学着肯定他人的独特之处并尊重他们，这也是让他人包容你独特个性的唯一方法。

以下是你与他人相处的五个禁忌：

别太敏感

过于敏感对你来说真的没什么好处。如果你为了一些鸡毛蒜皮的事情而大吵大闹，不妨问问自己：“我为什么会被这件事触怒？我为什么觉得生气？”自我反省会让你发现，这实际上根本不算什么。有时，你的朋友会对你开玩笑，大多数情况下，这些都是戏谑的话语，并不是要有意冒犯你。只要它并没有真正触犯你的自尊和原则，你也不妨和他们一块开心大笑吧！

别乱发脾气

你很容易发脾气吗？为一点小事动怒会让人们远离你。如果你经常生气（或者看起来像生气的样子），你的朋友就会对你敬而远之，即便你自己并不想这样。这种易怒的态度让你变得难以接近。太多怒气会带来很大压力，这对你也没有一点好处。如果你生气的话，试试深呼吸，然后从一慢慢数到十。

别惹恼他人

惹人生气的方式有很多种，即便这只是你的无心之失。不要指望所有人的每一天都能一帆风顺。我们的心情都会有起伏的时候。如果你感到别人心情不好，希望有一点独处的空间和时间，那就赶紧闪开。如果别人坦诚地告诉你，你的某个习惯让他们心烦，那么你最好开始有所改变。

别说长道短

没有人喜欢在背后说人坏话的人。你也许是校园八卦的活跃人

物，但每个人都会讨厌你的所作所为。每散播一次流言蜚语，你的可信度就会降低一分。

别高傲自大

这个世界容不下过分自负的人。你完全没有理由瞧不起别人，所以不要带着一种纡尊降贵的态度。

读者来信

如何交到很多好朋友

问

作者叔叔：

您好，我不太爱讲话，因此朋友一直很少，请问怎样才能交到很多的好朋友呢？

罗罗

答

罗罗：

你好，交朋友并不难，只要找到了正确的方法。下面我就给你列举一些，希望对你有所帮助。

1. 保持自己的特色。如果人们不喜欢保持特色的你，或许你不应该待在他们周围。

2. 努力使自己过得开心，这将使你在外表上容光焕发！

答

3. 考虑在你附近做些社区服务活动。这将是会见人们的主要途径。

4. 一周跟你的朋友至少通一次电话来沟通信息和看一下他们在做什么事情。对你的关注他们会非常高兴。告诉他们你对他们的感激。

5. 铭记朋友生活中重要的事情，如他们喜欢的东西或他们的生日。

如果你们两个曾经发生争执，要先道歉。即使你不说对不起，至少要因与他发生争执而表示歉意。然后，不要再打搅他，允许他告诉你为什么会对你发脾气，以及他认为你应该为此做什么。

6. 永远不要因为你更加喜欢别人而抛弃老朋友。这是一个错误。

对每个人的个性给予认可，永远不要打击任何人或努力试图去改变某个人（尤其是他们并没有做伤害或冒犯你的事情时）。这会传达出不安全感。

7. 寻求“真正的”朋友。虚伪的朋友将会毁坏友谊而不是建立友谊。

8. 聆听别人的意见。

答

9. 永远不要脱口说出朋友的秘密！这样你不仅会失去朋友的信任，而且还会失去周围每个人的信任。

10. 永远信任自己对别人的内在感情。如果你感到某人并不是交朋友的合适人选，那么就继续寻找吧。

如何巧妙地向朋友道歉

小刘和好朋友这两天闹了别扭，谁也不服谁，谁也不肯向对方认错，两人的关系就一直这么僵着。“小刘，你跟好朋友道个歉吧，你们的关系这么僵，我看着就难受。”有朋友这样劝道。“凭什么呀？明明他也有错，我那天跟他说了对不起，可他居然还先动手打我，这样的人就是欠揍。反正我是坚决不会向他求和的。”想也没想，小刘一口回绝了好友的劝解。

在接下去的几天里，小刘和自己的好朋友谁也不愿意让步，两人都很烦恼。其实，他很想先跟好朋友道歉，可自己就是抹不开面子，这件事情真让他犯愁。

想让对方认真对待你的道歉，你就必须对给别人造成的不便、伤害表示懊悔。试着站在别人的立场上考虑问题，表示你知道自己的所作所为（或者无所作为）给对方造成的感觉。设身处地为对方考虑是道歉最重要的组成部分。只有当你真正站在对方的立场上时，对方才能感受到你的诚意，你的道歉才能像融化剂一样融掉他心底的坚冰。

道歉不仅仅是说一句“对不起”这么简单。我们向对方道歉，就是承认自己的所作所为伤害了别人或者有可能伤害别人，希望能予以弥补。

虽然道歉后我们会感觉好点，但是其实我们的内心还是会有一股相反的力量，想保护我们的自尊心和自己的形象。之所以不愿道歉，是因为道歉就要承认自己有缺陷、不完美。道歉就是要把自尊心放到一边，承认自己的缺点和错误。

你还需要对自己的一切行为承担责任。就是说，你不会把自己的行为归咎于别人，也不会寻找什么借口，而是对自己的所有行为及造成的后果承担全部责任。

最后一点，你需要向别人说明，你愿意弥补自己的过错。你可以承诺不再犯这样的错误，或者补偿你给别人造成的损失。

道歉最关键的两个基本点就是目的和态度。只有当你的歉意是发自内心的，而且你愿意为此承担责任的时候，对方才会感觉到你的诚意，道歉的目的才能达到。因此，如果伤害了某个人，男孩要学会勇敢而巧妙地向对方道歉。

有时候，人们会因为害怕承担责任而不愿道歉。很多人害怕，即使自己道了歉，对方也不领情。还有的则害怕道歉可能会暴露自己的缺点，失去别人的尊重，从而毁了自己的名声。正因为这些顾虑确实有可能发生，才使道歉变得更有意义。道歉是一种重要的社

交礼仪，它需要人们拿出勇气，表现自己谦虚的一面，同时它也要求一定的技巧。

道歉要及时而真诚

道歉之事不宜拖延，并且要真诚，越是拖延往往越体现不出自己的诚意，缺乏诚意的道歉不仅不能消除误会，还会加深彼此的隔阂，有时候错过道歉机会或道歉缺乏诚意会让人追悔莫及甚至遗憾终生。

灵活采用道歉的方式

道歉方式亦可多种多样，如果自己觉得道歉的话说不出口，可以用别的方式来代替。比如，送一件小礼物表达歉意，通过第三人转达歉意可避免自己当面致歉的尴尬，替对方做一件事情，给对方写一封道歉信，等等。所有的道歉方式都需有这样一种表示：我对彼此的隔膜深感难过，真心地说一声“对不起”，并盼你能接纳这份歉意。

要给对方发泄心中不快的机会

如果是自己对不起对方，就要给对方发泄心中不快的机会。让对方将心中的怒气发泄出来，是挽回友谊的好办法，如果对方的怒气始终郁积在心中，彼此的关系就难以修复。

只要掌握并积极运用以上道歉的小技巧，就会很容易地化解矛盾，让友谊天长地久。

为什么要让着女孩子

期末考试结束了，为了让大家放松心情，这个周末，在学校的安排下，班里组织同学去郊区游玩、野炊。他们雇来一辆大巴，星期天天刚蒙蒙亮，全班50多名同学就兴高采烈地准备出发了。

小虎从小就是个娇生惯养的男孩，什么事都不想吃亏，什么好事都想争第一，自然对郊游是兴趣十足。可是，这一次他却玩得很不痛快。因为他总是抢先得到各种好处，从不知道让着女孩子，被同学们数落“没有绅士风度”“缺乏教养”。

大巴车来了，小虎第一个冲到车前，着急地先上车占了个好位置。没想到，老师一下子喝住了他：“小虎下来，女士优先，懂吗？”虽然很不情愿，小虎还是乖乖地下了车，因为班里的女生多，女生们都上车落座之后，小虎没有抢到好位置，心里很不舒服。

下车后，要乘船过河，小虎又要抢先上船，“女生先上”，老师又一次推开了小虎；体育委员去买了冷饮回来后分发给同学们，小虎抢先去接，体育委员缩回手说：“女生先来。”这下，小虎不解地抱怨：“为什么总是女生优先啊？为什么我要让着女孩子？”

男孩谦让女孩，是很多国家都奉行的一种社交礼仪，这种礼仪的形成一方面与男女本身的性别差异有关，另一方面与社会对男性和女性的性别期待不同有关。

从整体上看，女性较男性来说处于“劣势地位”。比如，女性的体格不如男性高大健壮，女性还要承担生儿育女等消耗体力、体能的任务，社会要求男性勇敢、大度、坚强，要承担照顾女性的重任，对女性的要求则会相对宽容一些。当然，社会的性别期待与人类发展历史、社会发展程度也有很大关系。

男孩子多礼让女孩子，才能体现出男女平等，体现出社会的文明和进步。男生谦让女生是符合社会性别期待要求的，也是符合社会文明发展方向的。针对这一问题的实际调查也显示，绅士型的男性更受欢迎，女性更喜欢具有绅士风度、能够谦让女性的男性，而具有良好修养的男性也更期望能谦让女性，因为这给了他一种心理满足感。

男孩谦让女孩，不但能培养自己的男子汉气概，还可以让自己成为一个受女士欢迎的绅士。具体来说，可从以下几个方面努力。

尊重女孩的愿望和要求

男孩应该大气一点，在一些不违背原则的事情上要学会尊重女孩的愿望和要求，比如，男孩为了教室通风要打开窗户，但女孩因为怕冷而不想开窗户，此时，男孩要尽量尊重女孩的要求而关闭窗户。当然谦让不是指过分迁就，涉及原则的事情就不能总是尊重女孩的愿望和要求。如何把握好谦让的度就是一门艺术了，其前提是不要给双方带来较大的身心伤害。

把优先享受的权利让给女孩

“女士优先”的重要一点就是男孩要把优先享受的权利让给女孩，比如一起吃饭时先让女孩动筷子，吃水果时先让女孩挑选，乘车时先让女孩就座，观看电影时让女孩坐在更好的位置，在外同行时让女孩走在安全的一侧，等等。把优先享受恩惠、好处、便利的权利让给女孩，这体现的是男孩对女孩的关怀和爱护，体现的是对女孩的尊重和支持，男孩要努力做到这一点。

应对困难时抢在女孩前面

如果是体力活，男孩力气大，就要多做一些，值日时重活、累活、脏活要抢先做，把轻松的任务让给女孩子，搬重物时男孩要勇于承担起来；遭遇危险时男孩要挺身而出，遇到不确知是否有伤害或危险的事情时，男孩要勇于做“第一个吃螃蟹的人”；女孩遇到困难时，男孩要乐于相助。

只要用心做好以上几点，相信每一个男孩都会成为有修养、颇受女孩欢迎的真正的绅士。

收到“情书”了，怎么办

男孩收到了女孩的情书，这是一件值得庆贺的事情，因为这说明他长大了，开始吸引异性的目光，受到异性的喜爱。所以，男孩没有必要为此感到羞耻或者不好意思，更不必为此背负过重的心理负担。

接下来，男孩在决定如何处理这件事之前，要明白以下几个问题，然后细心地想一想该怎样回复这个写情书的女孩。

要明白自己当前的主要任务

处于青春期的男孩正是学知识、长身体的重要时期，这一时期人身体的各个器官尤其是性器官正处于发育的阶段，记忆力、思维能力、学习能力、精力和热情等都比成人更强、更旺盛，从这个意义上说，青春期是人生中学习和成长的“黄金时期”。因而，学好文化知识、锻炼和培养较强的身体素质、心理素质、思想素质等是青春期男孩的重要任务。如果错过这一黄金时期，以后培养各方面的能力和素质就会事倍功半。

要了解青春期男孩女孩喜欢和爱慕异性的特点

青春期男孩女孩的感情是一种朦胧的好感，他（她）是被对方某一个表面的优点所吸引，比如帅气、美丽的容貌、动听的声音、温柔或勇敢的性格，但他（她）还不能全面而深入地了解对方。异性相吸是自然界的法则，也是人类社会的法则，尤其对于青春萌动的中学生，男女两性相吸引是很自然的事情，男孩只要有某一个或几个被异性欣赏的优点，就很容易吸引女孩的目光。

明白什么是真正的爱情

真正的爱情是需要与责任相伴随的，以给对方带来幸福为出发点。而让对方幸福需要很多条件，比如一定的物质基础、爱人的能力、解决现实中困难的能力、与对方同甘共苦的能力、正确处理双方家庭及朋友关系的人际交往能力，等等。处于青春期的男孩对自己都负不了责任，还要在经济、生活、情感上依靠父母，当然也就无法对喜欢的女孩负责任了。所以说，青春期的恋爱只是一种心理上浅层的喜欢，要实践真正的爱情还没有足够的条件。

了解了以上几点，我们就容易想出比较好的办法来对待女孩的情书了。

首先，我们不妨写一封回信表达自己的想法，委婉地拒绝她爱的请求（当然拒绝不一定就代表永远的拒绝，只是激励双方现阶段将精力更多地转移到学习、锻炼各种能力方面）。我们可以这样对她说：“感谢你对我的认可，你是一个活泼开朗的好姑娘，我也希望和你永远是好朋友。不过，我们现在还小，还不懂得真正的爱情，我们现在的主要任务是搞好学习，是培养和锻炼自己各方面的能力和素质，你觉得呢？让我们一起为了考一个更好的大学、为了取得各方面更优异的成绩、为了更美好的前程而努力吧，相信到那时，我们会收获更多的幸福。”然后双方都努力将主要精力投入到学习、参加各种活动、做更加有意义的事情的实践中。

然后，继续大大方方地和写情书的女孩交往，就当她是和其他同学一样的好朋友，不要刻意地对她好，也不要刻意地躲避她。同时，要以同样的态度和其他的同学交往，多参加各种集体活动，而且也要鼓励对方这样做。随着学习生活的日渐丰富多彩，也许人的精力就会逐渐从爱情这个问题上转移开，并投入到更加有意义的事情中去。

对于女生的情书，男孩只要处理得好，在尽量不伤害对方的情况下暂时巧妙地拒绝，就会将这种异性间美好的情感转化为努力学习、努力奋斗的精神动力，让这种美好的经历成为人生珍贵的回忆。

如何拒绝不正当要求

在生活中，很多男孩会不可避免地遇到别人向自己提出某些不正当要求的情况。比如，有人要求自己每天都帮他写作业，有人过生日时要求自己送很昂贵的礼物给他，有人勒索自己或要求自己去偷盗、抢劫，等等。

对于别人诸如此类的不正当要求，如果不答应对方，可能会伤害彼此的感情，甚至会招致对方的报复；但是如果答应对方，就可能会给自己或家人带来某种程度的伤害或损失。因此，在适当的时候，通过一些巧妙的借口为自己开脱是一种聪明的做法。

下面是一些关于如何拒绝的方法和建议，供男孩子参考。

首先要明白，拒绝不代表自私

很多不善于拒绝的男孩常常有一种错误观念，那就是认为拒绝别人就说明自己对对方漠不关心，不顾及朋友的情意，说明自己自私。于是，他就因为害怕让对方灰心，害怕被讨厌、挨批评，害怕损害友情，而无奈地同意了别人的请求，宁愿竭尽全力地为对方做事，也不愿拒绝帮忙，即使自己没有时间也要牺牲自己的利益去满足对方。其实，学会委婉地拒绝对方不正当的要求，同样是一种修养，同样可以赢得别人对自己的尊敬。

培养自信，培养判断是非、自我决断的能力

拒绝的能力与自信有紧密的联系，缺乏自信和自尊的人常常为拒绝别人而感到不安，把不答应对方的要求判断为自己无能。同时，正确应对别人的各种要求，还需要良好的判断是非以及自我决断的能力，比如要明确哪些事情是可以做的，哪些事情是不可以做的，哪些事情是自己能做的，哪些事情是自己没有能力做的，并根据这些判断作出正确的决断。因此，男孩要努力培养自信心，培养自己判断是非、自我决断的能力，在别人提出不正当要求的时候要果断地拒绝。

不必为拒绝而感到愧对对方

如果要拒绝对方的要求，坚决而直接地用语言说出即可，比如："感谢你这么信任我，不过这件事我不能帮你，对不起。"不必为拒绝了对方而过分道歉。有的男孩会觉得拒绝对方的要求是欠了对方，就千方百计地表达自己的歉意，甚至想办法去弥补这种歉意。这是没有必要的，每个人都应该有自己坚持的原则。

不要担心拒绝会惹恼对方

有些青春期男孩不敢拒绝别人的不正当要求，常常是因为害怕自己的拒绝惹恼了对方，遭到对方的"报复"，于是就委屈自己而答应对方。这种做法常常会让对方"得寸进尺"，提出更多不正当的要求。因此，在别人向自己提出某些不正当要求时，男孩要学会勇敢，义正词严地拒绝对方。

说明拒绝的理由，表达对对方的关怀

拒绝对方不正当的要求时，要明确说出拒绝对方的理由，在拒绝的过程中努力表达出对对方的关怀。比如，如果有同学要求自己每天帮他写作业，可以这样拒绝他："对不起，我不能够帮你写作业。第一，我的时间不允许，我有很多自己的事情，精力有限。第二，这是更重要的，我觉得我帮你写作业不是在帮你而是在害你。你想，我帮你写了作业，你是省事了，可是学过的知识你不能及时得到巩固，题还是不会做，这样考试时就无法取得好成绩，到时候考不上大学你怪谁去？如果你不会做，我可以教你。"相信这样的拒绝会让对方放弃自己的要求。

可见，拒绝并不是坏事，拒绝对方的不合理要求也许暂时会让对方感到难过，但从长远来说，却是对双方都有利的事情。

和朋友打架了，该怎么办

有一则寓言是这么说的：“在一个寒冷的冬日，一群刺猬相拥在一起取暖，但是它们很快就被彼此的硬刺给扎痛了。这样，它们被迫分开。可是，为了取暖，它们的身体又再度靠近，身上的硬刺又再度把它们扎痛了。刺猬就被这两种痛苦反复折磨，直到它们终于找到了一段恰好能够容忍对方的距离为止，而后相安无事地世代相处下来。”

刺猬是一种很有趣的动物，一遇到外界的刺激，哪怕是再轻微的刺激，也会立刻把全身坚硬的刺竖起来，人们常常会把那些过于敏感的人称作“刺猬人”。他们就像刺猬一样，只要稍微一点点刺激，就会产生剧烈的反应。

很多男孩都具有“刺猬人”的特性，每当和自己的朋友发生矛盾时，往往容易冲动，把事情弄得一团糟。其实，原本没有什么大不了的，两个人只要态度好些就不会发生冲突，但是在很多同学看着的情况下，双方都会觉得自己要是服软了的话，那该多没气势啊，多没面子啊！于是就和对方发生肢体冲突，通过打架来发泄怒气。打着打着围观的人越来越多，自己要是这个时候掉头走了，更是没骨气呢，好吧，一定要打赢才行。到了这个时候，围观越起劲儿，打得也越起劲儿；越有人劝架，也是打得越起劲儿。

虽然打架可以在一定程度上平息自己的怒气、发泄怨气，但这却容易伤害双方的身体和心灵、伤害双方的感情。就像在木板上钉一颗钉子，即使再拔出来，也会留下难以消除的孔。和朋友打架，无论自己怎么道歉，给对方的伤害总是难以消除的。也许身体上的伤口容易愈合，但心灵上的伤口却难以恢复。

所以，男孩要懂得珍惜友谊，学会妥善处理朋友之间的矛盾和冲突。当你觉得气恼的时候，先数到十，然后再说话；假如你的怒火正旺盛，那就数到一百。那么，有没有什么办法可以让你控制自己的情绪，避免打架这一最坏的结果出现呢？心理学家提出了三“不”建议：

首先，说“我”不说“你”。当我们开始用“你”句式的时候，就已经把对方逼到一个自卫的角落里。所以他的第一个自然反应就是捍卫自己，然后反攻。这时，沟通就立即停止了。其次，不对你的朋友大加嘲讽。嘲讽是最蹩脚的伎俩，除了激怒对方外没有任何作用。最后，不要试图打断朋友说话。你之所以会抢白或打断对方，是因为你认为自己完全知道他想说的是什么。如果你拒绝倾听，那么对方怎么会愿意倾听你的想法呢？在争吵时，常常用“你是说……吗”和“你的意思是……”句型重复对方说过的话，可以大大减小理解偏差，达到聆听目的。

要知道，朋友是我们人生中非常宝贵的财富，缺少了友谊，我们的人生就会暗淡无光。万一你没有控制好自己的情绪与行为，和朋友打了架，你可以这样解决你的烦恼：

真诚而及时地表示歉意

无论你和朋友之间有着怎样的矛盾和冲突，打架都不是最好的解决办法，只有真诚地沟通和交流才能更好地解决问题。因此，如果和朋友打了架，无论对方曾经怎样伤害过自己，都要为自己与对方动手打架而道歉，当然，道歉要真诚而及时。道歉之后要与对方真诚地进行交流，把自己的想法真诚地向对方说出来，并了解对方真实的想法，这样才有助于消除双方的矛盾和冲突。

学会忘记，学会宽容

很多时候，朋友无意中的一句话或是一个动作会伤害你，他们这么做的时候常常是无心的。因为就算是最要好的朋友也总会有摩擦。我们要学会忘记朋友给自己的伤害，多记着朋友对自己的好，要学会宽容别人的错误，努力做到“把朋友对自己的伤害写在沙子上，把朋友对自己的好刻在石头上”。

用行动来弥补自己的过失

打架总会对朋友造成伤害，在无法控制情绪和行为的情况下失手与朋友打了架，我们除了真诚地向对方道歉并加强沟通交流之外，还可以努力在以后的生活中用自己的行动来弥补过失行为，你可以主动和对方分享自己的“珍宝”，或是在他需要帮助的时候努力去帮助他。

总之，打架绝不是解决朋友间矛盾冲突的好办法。作为一名男子汉，控制自己的情绪远比发泄自己的怒火更加难能可贵。学会了宽容，学会了大度，学会了控制自己冲动的情绪和行为，才能让彼此间纯真的友谊长久不衰。

优秀网球手教给男孩的事

◎球伴的技术越好，你赢的可能性就越大。

◎Love（爱）是网球计分中“零”的意思——成功从“爱”开始。

◎不管你球技多棒，一定有人比你更棒，因此，别骄傲。

◎不管你球技多差，一定有人比你更差，因此，别泄气。

◎你有时赢，有时输，赢球的感觉比较好，但输球可以让你清醒。

◎一个人不能进行这项运动。

◎球赛规则很荒谬——比如它的计分用love、15、30、40。但如果你要玩，就得遵守这些规则。

◎早到的人才能占到球场。

◎风吹歪了你的球，也吹歪了对手的球，别找借口。

◎抱怨、发火都不能改变既有的事实和得分。

◎做一个好的球伴比找一个好的球伴更重要。

◎输球后，不管你感觉多窝囊，都别忘了和对方握个手，笑一下。

◎要清楚地知道球场的边缘在哪里。

◎运气当然重要，但运气只能帮你赢一分，不能赢一场。

◎要赢球，就得直面你的对手，无论你多么不愿意。

◎有时尽了最大的努力还是不能赢球。

◎比赛要么赢，要么输，没有平手。

◎球打完后就要下场，没有人能永远占着球场。

◎紧要关头，先吸口气，慢下来，再决定下个球怎么打。

◎多集中注意力，少开口，球会打得比较好。

◎准备动作很重要。

◎攻击是最好的防守，洞察先机比全凭反应效果要好。

◎在赢的时候别改变打法。

◎在落后的时候要有耐心，不要犯不必要的错误。

◎不管今天谁输谁赢，明天太阳照样从东方升起。永远记住，这只是一场游戏而已。

◎会用力气没有会控制力气重要。

◎为了赢球而失掉朋友不值得。

第四章

青春期的成长困惑

成长的过程原本就不是迅速而剧烈的，每个人都有不同的成长节拍，谁都不可能在一夜之间变得成熟。我们的身体有它自己的规律，它会按部就班地完成每一次的蜕变。给自己一点点生长的时间，不要一味地羡慕别人，只需要顺着自己生理成长的节奏发展就可以了。

我们正在慢慢长大

每一个男孩都会有这样的经历，当他们告别懵懂的儿童时期走进青春的花季时，一夜之间似乎一切都变得不同了，身体开始出现一些微妙的变化——嗓音变粗了，个子长高了，唇边出现了细小的茸毛……身体发育的其他迹象也依次出现了。这些悄悄发生的变化会让每一个男孩觉得惊讶和迷惘："自己的身体和以前不一样了，该怎么办？"

在我看来，要回答这个问题其实很简单。你只要坦然地面对这些变化，把它们当成一件最自然不过的事来对待就行了。

看过这样一个故事：

有一天，小公主正在园子里玩耍的时候，一只小虫子不小心飞进了她的眼睛。小公主用手揉了揉眼睛，发现眼睛痛得很厉害，于是她放声大哭起来。她想，她的眼睛一定是坏掉了。身为国王的女儿，她实在是被宠坏了，一直不停地哭叫。当医生想给她用药的时候，她总是拒绝医生的任何治疗，而且不停地揉着眼睛。这样，小公主的眼睛痛得越来越严重。国王很焦急，宣布谁能够治好他的女儿，就给谁一大笔奖赏。很快，一个自称是著名医师的男人来了，但他并不仅仅是一名医生。

他宣称自己能顺利地治好小公主的病。于是他被批准进入小公主的房间。在他检查完之后，他惊叫道："哦，我太难过了！"

"怎么了？"小公主问他。医生说："你的眼睛没有什么大问题，但是其他方面存在非常严重的问题。"小公主被吓着了，她问："到底是什么问题那么严重？"他犹豫地说："这真是太不幸了，我不能告诉你。"无论她怎么强调，医生都拒绝告诉她。他说除非得到国王的同意，否则他不会说出来。

国王来了，医生还是犹豫着不肯说出他的发现。最后国王下了命令："告诉我们到底发生了什么事。不管怎样，你必须告诉我们。"

最后医生才说："眼睛将会在几天之内逐渐好转——这不是问题。最大的问题是，小公主将会长出一条尾巴，而且尾巴会长到6英尺那么长。它会长得非常快。如果小公主能够第一时间察觉它的出现，我就能阻止它的生长。"

小公主很震惊。她很害怕长出一条长尾巴。于是，她整天待在床上，用尽心思来观察尾巴什么时候会出现。这样，很快小公主的眼睛就好了。

医生治好小公主病的秘诀就在于，他巧妙地转移了小公主的注意力——小公主太过关心自己是否会长出一条长尾巴，而忽视了自己的眼睛疼。对我们来说也是一样，太在意自己身上的那些变化，就容易过分地放大这些问题，让我们的注意力一直围绕着这些问题打转。实际上这些变化原本就是长大过程中必须经历的，只要我们保持一个良好的心态，冷静地对待这些问题，过段时间回头再看，就会发现当初的烦恼简直不值一提。还是在我上小学的时候，家里添了一台冰箱。当时，我很喜欢做一件事，那就是和比自己高出很多的冰箱比高矮。为了看看自己成长的速度，每过一段时间我就和冰箱比一下高矮，然后在冰箱上做一个记号。整个小学阶段，尽管我在不断地长高，却总也比不上冰箱高。这让我变得越来越沮丧，渐渐地也就不再有和冰箱比高矮的兴趣了。

上中学后的一天，我突然发现自己的个子比冰箱还高出了一点——初中一年的时间里长得居然比整个小学阶段都要快。而且，我还发现身上的肌肉似乎也增长了许多。这些变化让我有些惴惴不安："长这么快正常吗？我是不是不正常呢？"

这些疑问就像影子一样紧紧地跟着我，怎样都摆脱不了。于是，我开始仔细观察周围的同学，看那些和我一样的男孩身上有些什么变化。尽管身边的每一个男孩似乎都在发生着同样的变化，可我还是觉得自己身上的变化显得很不正常。

14岁的某一天，我在无意间发现自己的乳头有些突起。这让我大惊失色，要知道班里的男生个个都是胸部平平，只有那些女孩的胸部才变得突起。我开始担心起来，担心一觉醒来就变成一个女孩子，还担心自己会变成奇怪的“无性人”。这些担忧就像一个沉重的包袱，让我变得惶恐不安，吃不下饭也睡不好觉。直到有一天，我终于鼓起勇气向老爸请教，这才知道青春期并不是只有女孩的乳房才会发生变化，男孩的乳房同样也会发生一系列的改变，只是男孩比女孩发育得晚一些，程度低一些。现在看起来，那时候的我真的傻透了，竟然认为自己会变成一个女孩子。

不要笑，说不定你也犯过同样的错误呢。对男孩子来说，只有经历了这些变化，才能成长为像自己爸爸那样成熟的男人。长大以后的我，渐渐懂得了只有用一种坦然的态度对待这些令自己难堪和烦恼的生理问题，才能走出青春的生理误区，获得真正健康、自由的美好心态。

有一句谚语说得好：“使你疲倦的不是脚下的高山，而是鞋里的一粒细沙。”不要小看这些烦恼，因为这些烦恼就像鞋里的细沙一样，让你的生活变得无序而紊乱。而这些烦恼，大都是因为无知造成的。所以，当你遇到令自己难堪或者烦恼的生理问题时，你可以坦然地向你的父母、老师或者其他信得过的大人请教，也可以和自己的好朋友大大方方地进行讨论，让这些烦恼在不经意间烟消云散。

成长的过程原本就不是迅速而剧烈的，每个人都有不同的成长节拍，谁都不可能在一夜之间变成一个成熟男人。我们的身体有它自己的规律，它会按部就班地完成每一次的蜕变。给自己一点点生长的时间，不要一味地羡慕别人，顺着自己生理成长的节奏发展，对你来说，只需要记住一点就可以了：我很正常，而我的身体正在按照自己的节奏健康成长。

读者来信

怎样才算进入了青春期呢

问

作者叔叔：

您好，我今年已经上小学六年级了，可爸爸妈妈还说我没长大，到底怎样才算长大呢？怎样才算进入了大家常说的青春期呢？

球球

答

球球：

你好，进入青春期与否跟念几年级无关，它有自己的标志呢，你可以对比一下，看自己是否已经出现下面几种情况，出现了就说明你正式步入青春期了哟。

1. 体重及身高剧增。
2. 性器官发育，开始制造精子。
3. 有梦遗现象。
4. 声音转为低沉。
5. 阴毛和腋毛开始生长。
6. 有汗臭、青春痘的现象。
7. 出现喉结和胡子。

嗓音为什么突然变粗了

小凡最近非常苦恼，因为同学们时常嘲笑他的声音变得像“唐老鸭”，变粗的嗓音让他受到了老师和同学的一些误解。去年，因为父母调动工作，小凡也不得不转到了另一个城市读书，这样他就只得和最要好的几个朋友分开了。来到新学校已经快一年了，有一天，小凡突然想起应该给原来的好朋友打个电话，交流一下在新学校的见闻和收获。可是几个电话打下来，让小凡有些哭笑不得，也有些苦闷。

女同学晨晨刚接到小凡的电话时说：“小凡，你是不是感冒了？一定要去医院啊，输了液很快就会好的。”哥们儿丁丁在电话中跟小凡说：“喂，我说老哥，你怎么说话像唐老鸭啊，搞什么名堂？”而同桌小李则对着话筒一本正经地说：“你应该是小凡的爸爸吧，他在家吗？叔叔，让我跟小凡说话吧。”小凡只得在电话里一次次地跟这些老朋友解释，才最终让他们相信打电话的就是他本人。

还有一次上语文课，老师发现品学兼优的小凡虽然听课很专心，但与老师互动不积极，因为老师多次向同学们提问，小凡都只是低头不语，她要求学生分角色朗读《皇帝的新装》时，小凡虽举了手但有些勉强。要知道，在语文老师眼中，小凡是最优秀的学生，他有思想、有头脑，与老师互动很积极、主动，而且小凡朗读课文在班里是最棒的，语文课总会因为小凡而十分活跃。这一次，老师又点了小凡的名，要求他扮演皇帝这个角色朗读。小凡开始读了，但老师对他语气平淡、声音不够清亮的朗读有些失望，小凡这一次朗读远不如扮演其他角色的同学。总结的时候老师只表扬了扮演其他角色的同学，没有表扬小凡。小凡知道，语文老师一直是最欣赏他的，但这一次老师不满的目光让他觉得很失落，这一节语文课他上得有些没劲。

小凡一直很喜欢爸爸那富有磁性的、浑厚的嗓音，他很想知道爸爸是否也是后来才有了这样吸引人的男性声音，于是他决定和爸爸好好谈一谈这个问题。

处于青春期的男孩会开始变声，男孩的变声期一般是在13～16岁，变声期大约可持续半年到一年的时间。所谓变声期是指儿童由童声转变为成人声音的时期，在这一时期，因为儿童的喉头、声带增长而出现声音嘶哑、音域狭窄、发音疲劳、咽喉局部充血水肿等现象，说话或唱歌的声音音域、音色、音调等也会发生很大的变化。

声音的好坏是由声带决定的。声带是位于喉腔中的一对弹性黏膜组织，是发音的主要器官，声带的长短厚薄因人而异，儿童期无论男女声带长度均为6～8毫米，所以发出的声音为童音，高而尖细。而青春期的男孩，声带变宽、变厚，因而声音变得粗犷低沉。

处于变声期的男孩要特别注意讲究用嗓卫生，保护好嗓子。否则，可能会引发声带疾病，影响声带正常发育。

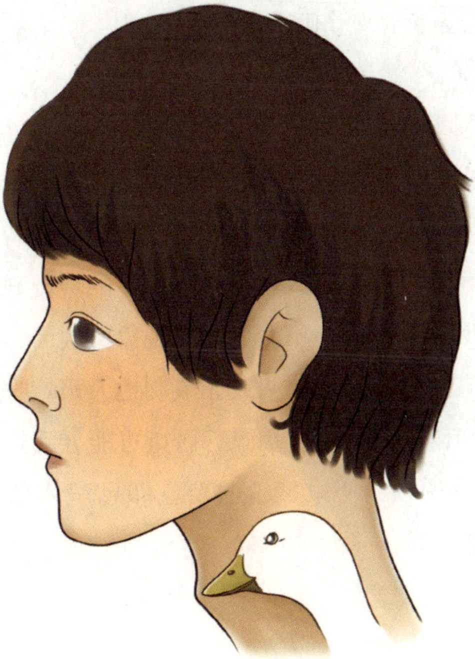

那么，处于变声期的男孩，该如何注意用嗓卫生、保护好嗓子呢？下面是几点建议：

注意饮食调理

处于变声期的男孩要多吃一些富含胶原蛋白和弹性蛋白质的食物，如猪蹄、猪皮、蹄筋、鱼虾、豆类、海产品等；多摄入含B族维生素和钙质的食物，如芹菜、番茄、蛋类、动物肝脏、新鲜水果、牛奶、豆制品等；少吃炒花生仁、爆米花、锅巴、坚果类及油炸类硬且干燥的食物，以免对喉咙造成机械性的损伤；多饮水，使咽喉

得到滋润，但不可喝太烫、太冷的水；少吃酸、辣、苦味等刺激性的食物，如大蒜、辣椒、生姜、韭菜等；忌烟酒，因烟酒中的有害物质会影响声带的生长发育；进食时宜细嚼慢咽，忌快速进食，谨防食物中的沙粒、鱼骨刺伤咽喉部的组织。

正确地使用嗓子

有的男孩喜欢大声说话、唱歌，随心所欲地大喊大叫，这常常使他这一时期异常娇贵的声带出现充血、水肿，或者发生声带小结及声带息肉，轻者导致发音疲倦无力，严重的会出现声音嘶哑、咽喉炎，甚至出现呼吸困难、不能说话等现象。因而，处于变声期的男孩注意不要滥用嗓子高声喊叫或无节制地大声喧哗，不要长时间地高声唱歌或朗读，避免过度用嗓，否则可能导致终生声音嘶哑。发现声音嘶哑或说话、唱歌疲劳时要立即息声休息，避免刺激声带、避免其过度疲劳。

保持良好的生活习惯和情绪

要注意劳逸结合，生活有规律，保证睡眠充足，不熬夜，每天保证8小时以上的睡眠时间；冬天注意保暖，尽量不要穿低领的衣服，避免口腔、喉部受冷，避免感冒引起咽喉部不适；多参加一些体育活动，每天进行锻炼以增强体质和免疫力，这对声带的健康发育也很有好处；保持积极的情绪状态，避免过度焦虑、紧张等消极情绪。

青春期的男孩只要注意以上几个问题，保护好自己的嗓子，就会顺利度过变声期，最终会拥有浑厚的男性嗓音。

青春痘不可怕

相信很多处于青春期的男孩都会因为脸上影响美观的痘痘而烦恼，注重自身在别人眼中形象的他们也会想尽各种办法来消灭“青春痘”。

青春痘的医学名称是粉刺，之所以叫青春痘，是因为它的高发期是在青春期。青春期的男孩脸上、后背、胳膊等处长青春痘是比较普遍的现象。男孩长青春痘的原因主要有以下几个方面：

◎遗传因素影响；

◎激素分泌旺盛所导致，因青春期是男性激素分泌旺盛的时期，因而更易长青春痘；

◎皮脂腺分泌旺盛，使得油腻的皮脂混合正常脱落的角质细胞囤积在毛囊中，就形成了青春痘；

◎环境原因，如城市污染、气候炎热、有害气体污染等；

◎饮食原因，喜欢吃辛辣油腻等食物，吸烟、饮酒等都可以引起青春痘；

◎不良的生活习惯和情绪，如休息不好、生活不规律、睡眠不足、压力过大、上火、脾气急躁、情绪不佳等，这些因素都容易导致青春痘。

一般来说，男孩到25岁以后，进入发育成熟期，体内各种激素基本处于平衡状态，青春痘就会减少或自愈。处于青春期的男孩长了青春痘不要有任何思想负担，不要过分在意，同时还要注意以下问题：

注意保持个人卫生

青春期的男孩如果不注意个人卫生，就更容易长青春痘。因此，每天要经常用干净的水清洁面部、脖子等裸露的部位，勤洗澡，勤换衣服；要保持枕巾、枕头套、被褥等的清洁，因为枕头套、被单等更容易堆积死细胞、螨虫、灰尘、头皮屑等脏东西，而且睡觉时长时间接触肌肤，更易使细菌滋生、繁殖。

不可用手挤、捏、抓青春痘

经常用手挤、捏、抓非但于事无补，还可能引起化脓导致皮肤感染或瘀血，形成面部皮下组织损伤，留下难以消除的疤痕。

注意饮食调节

平时要保持清淡的饮食，少吃高脂肪、油炸的食物和甜食；不吃刺激性的食物，如葱、蒜、辣椒等；要多吃水果、蔬菜，同时多喝水。

养成健康的生活方式

不吸烟，不喝酒，避免烟酒中的有害物质加重青春痘；按时休息，保证睡眠，加强锻炼，保持有规律的生活习惯。

保持愉快的心情

心情压抑、紧张焦虑也会增加男孩长青春痘的概率，而愉快的心境是治愈青春痘的良方。因此，青春期的男孩要注意保持轻松愉快的心情，避免出现过于紧张、焦虑等消极的情绪。要努力接纳自身这一不完美的形象，多看到自己的优点，运用积极的自我暗示乐观面对青春痘。

如果青春痘很严重，可采用药物治疗

若青春痘已发展到很严重的地步，比如已经化脓，最好不要自行处理，而是要咨询医生，采用药物来治疗，以免贻误治疗时机。请记住，青春痘只是生命中的插曲，只要自己能够正确地对待它，别让它干扰自己的情绪，每个男孩最终都能够战胜青春痘。

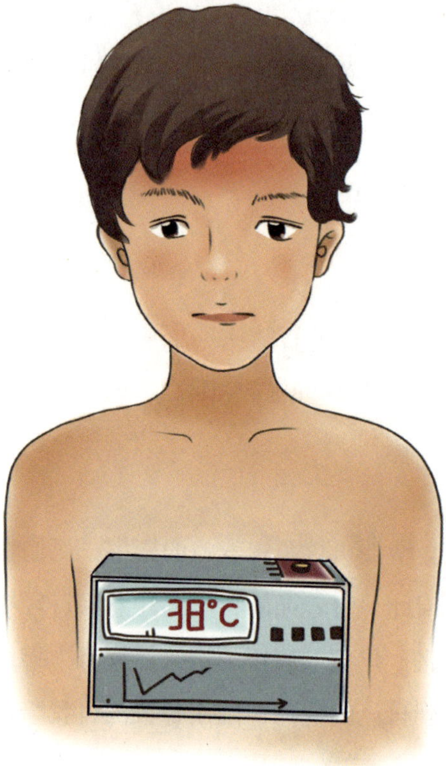

如果发热了的话

发热是一种常见的疾病，可是很多男孩都对它不甚了解。

发热，简单地说，就是指人体有意识地升高体温。

人的体温是由“体温控制中心”预先设定的。正常情况下这个数值是37℃左右，发热就不同了，这时“体温控制中心”主动发出了升高体温的指令，为了满足新的“预设数值”，血液继续不断地离开四肢流向内脏，这就是发热的人反而会感到寒冷的原因。

既然发热是人体“自找”的，便有人提出了一个假说，认为发热很可能是一种正常的生理反应，是有用处的，否则人体为什么会进化出这样一个奇怪的体温控制机制呢？

冷血动物是不会发热的。它们没有恒定的体温，而是随外界气温的变化而变化。对它们来说，升高体温确实是一种治病的办法。美国生理学家马太·克劳林做了一个试验：他给很多蜥蜴分别注入细菌，由于细菌感染，蜥蜴病了。他又把这些蜥蜴分为两组，一组限制在较冷的地方，结果幸存者只有25%；另一组放在阳光下取暖，体温升高了4℃，结果有75%活了下来。

升高体温既然可以帮助蜥蜴战胜感染，那么发热也应该可以帮助人体抵抗疾病。无论是由于体内或体外的因素使体温升高，都有助于抵抗疾病。因为体温的升高可以直接杀死一些异质细胞，也可以通过加速白细胞的运动，使白细胞尽快集中到感染部位，同病菌交战。

人的体温之所以能够保持恒定，是因为人体有一套复杂的体温调控机制。当气温过高时，人会出汗，依靠汗水的挥发来降低体温。当气温过低时，人会打哆嗦，依靠肌肉的运动来产生热量。如果这还不够，那就采取丢车保帅的办法，让血液离开四肢，大量流入内脏，先保证重要的器官能在恒定的温度下工作。

体温升高还可以促进干扰素的生长。干扰素是人体排斥异体组织的一种因子，能有效地抵抗病毒。

这样看来，人发热倒是件好事。可是，有许多男孩，只要稍有发热，便不分青红皂白地用退烧药，这样做是有害的。药物往往有副作用。退烧药可以退热，使人的症状得到暂时的缓解，但也恰恰因为这一点而往往将真实的病情掩盖起来，结果耽误了治疗的时机。

发热往往是炎症的表现，本来就不需要大惊小怪。在许多情况下，发热是无须药物治疗的。身体的抵抗力增强了，病自然会好。

有的男孩体质较差，只要体温升高0.5℃就有主观感觉；而有的男孩体质好，即使体温升高到38℃，却一点自觉症状也没有。当你发热的时候，只要体温不是过高，就不必过于紧张。你可以把自己的情况告诉父母，多喝水，多休息。发热后不要急着退热，而是应该根据不同情况制订相应的策略。当然了，长时间发热对你来说是很危险的，必要时还是应该及早退热。

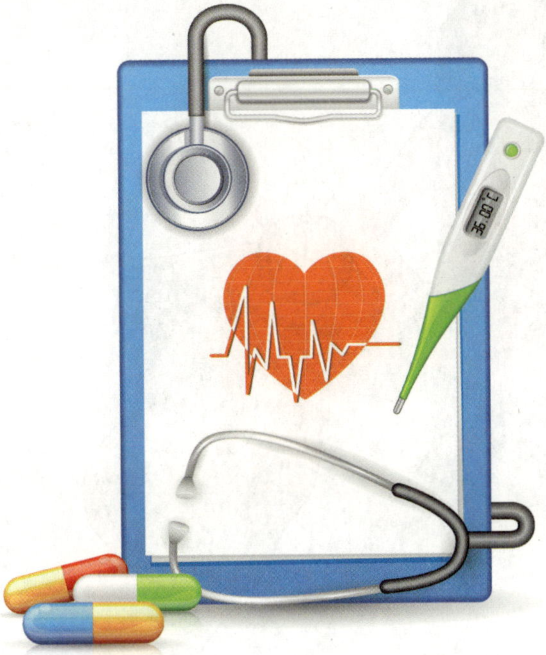

治疗感冒发热小贴士

◎用毛巾蘸冷水敷额头，用温水或酒精擦手心、脚掌，帮助散热。

◎用温水浸泡手足，或用热水袋热敷使手脚温暖，便于散热。

◎盖好被子，卧床休息，多吃水果，多喝水。

◎口服退烧药，必要的时候去医院。

怎样才能睡得好

对于男孩来说，最痛苦的事情就是起床了。很多男孩可能都曾有过这样的经历：前一天晚上，你调好了闹钟，然后早早地上了床（当然，这里的“早早”是相对于你自己的标准而言的）。你躲进被子里面，像平常那样很快进入了梦乡。到了第二天早上，闹钟似乎根本没有响起，这时候，妈妈过来提醒你该起床了，虽然你睁开了眼睛，嘴里说着“好的，我马上就起来”，但是你的身体根本不听使唤，还是蜷缩在温暖而舒服的被窝里。

人的一生中有1/3的时间是在睡眠中度过的。有一位著名的哲学家曾这样评价道：“有三样东西有助于缓解生命的辛劳：希望、睡眠和笑。”科学研究表明，在睡觉的时候，我们的身体里会有很多活动发生，这些活动都由人的大脑所控制。在睡着的这段时间里，身体自动在进行着复原、整合和巩固记忆的活动。如果睡得不好，则会导致白天打盹、压力增大、无精打采、脾气变坏等。这样的结果就是，你的体重增加了，免疫力则降低了，还特别容易感染病毒。

那么，怎样才能知道自己是否睡眠充足呢？通过下面这些问题，可以考察你是否拥有足够的睡眠。

◎需要上闹钟才能及时醒来吗？

◎经常在暖和的屋子里、饭后或看电视的时候睡着吗？

◎常常上床5分钟后就睡着吗？

◎经常在星期天睡懒觉吗？

◎白天感觉疲倦吗？

对以上任何一个问题的回答为“是”，就说明你可能需要更多睡眠。下面有一些建议，或许有助于你解决睡不够的问题。

我该睡多久

青少年时期的男孩正处在身体快速成长的阶段，需要充足的休息，这样体内的激素才能在睡觉的时候更好地发挥它的作用。正常情况下，十几岁的孩子每天需要睡8～10小时。

补觉很重要

假如你的睡眠严重不足，绝不可能在周末补回来，就像我们不可能周一到周五吃得多、不运动，等到周末的时候再外出活动、节食一样。要补充睡眠，你可以打一个高效率的盹，一般在中午，20分钟足够了。

清理大脑

如果你总是为睡眠不足而焦虑，那就更容易睡不着了。试着进行一些放松练习，这种焦虑就可以有所缓解。在你的床边放好纸和笔，在你睡觉之前，抽出一点时间来，把那些让自己感到焦虑的事情写下来，这样一来，你所担心的事就不会影响你的睡眠，半夜也不会惊醒了。

听听低柔、轻快的歌曲

睡觉时，听听低柔、轻快的歌曲，它们就像一种催眠曲，会传达出诸如“睡觉很轻松，无须费力。睡眠很轻松，很好……”之类的信息。这样，你就会慢慢沉入这个既定的情境中，有助于尽快入睡。

保持合理的睡眠时间

每天在固定时间上床，在固定时间醒来（不用闹钟）——周末也不例外。养成规律的作息时间有助于调节睡眠周期。

洗个温水澡

睡觉之前洗个温水澡，而不是热水澡。洗热水澡可以让人放松，可是它同样会使你的体温暂时升高。当你睡觉的时候，你的体温又会自然下降，这个过程可能会影响你的睡眠质量。所以，洗澡的时候最好把水温相对调低一点，以减少身体适应温度变化的过程，这可以让你睡得更好。

做深呼吸

可以做深呼吸，用5秒吸气，然后屏住呼吸5秒，最后吐气，重复3次。此动作可以产生令人放松的物质——内啡肽，让大脑尽快平静下来。

尽可能放松自己

晚上睡觉前2小时内不要看电视或上网，睡前洗个温水澡，关灯前看会儿闲书……这些小事都有助于你睡个安稳觉。

保持脚的温度

保持脚部温暖能够提高睡眠质量。

遵守20分钟规则

如果你躺20分钟都无法入睡，那就起床做点别的事情，直到有睡意再躺回床上。

男子汉，跑起来

古希腊人在奥林匹亚岩壁上铭刻了一句格言："如果你想聪明，跑步吧！如果你想强壮，跑步吧！如果你想健康，跑步吧！"没错，跑步是一件很奇妙的事情，它在增强我们体质的同时，还能提高我们对自身精神状态的掌控。特别是对于成长发育中的男孩来说，跑步更是一项有益身心健康且无须额外花费的最好运动方式。

很多男孩都知道跑步对自己的身体大有好处。可是，当他们跑起来以后，就会觉得精疲力竭、枯燥无味。所以，常常是"三天打鱼，两天晒网"，无法长久地坚持下去。其实，坚持长跑也有诀窍：

◎循序渐进，由慢到快。当你刚刚开始跑步的时候，很快就会气喘吁吁，这很正常，所以一定要从慢跑开始。要保持自己的呼吸节奏，即使速度慢一点也没关系。很多男孩会在刚开始的5分钟里产生厌烦的感觉，总想着“不行了，我不跑了”之类的念头，其实，只要稍稍坚持一下，你的身体就会自然而然地进入一种跑的状态。

◎为自己选择一个合适的场地。很多男孩喜欢在学校的操场上跑步，其实，对于大多数刚刚开始跑步的人来说，在操场上跑步很容易产生一种枯燥的感觉。这个时候，你可以调整一下自己的心情，到花草茂盛的绿地和公园里跑步，你也可以在自己家的小区里跑跑，一边欣赏景色，一边调整呼吸，这样，很快就能跑上十几分钟。